Revolução Francesa
e Iluminismo

Jorge Grespan

Revolução Francesa e Iluminismo

Copyright © 2003 Jorge Grespan
Todos os direitos desta edição reservados à
Editora Contexto (Editora Pinsky Ltda.)

Coordenação editorial
Carla Bassanezi Pinsky

Diagramação
Denis Fracalossi/Gustavo S. Vilas Boas

Revisão
Vera Lúcia Quintanilha/Renata Castanho

Capa
Antonio Kehl

Dados Internacionais de Catalogação na Publicação (CIP)
(Câmara Brasileira do Livro, SP, Brasil)

Grespan, Jorge.
Revolução Francesa e Iluminismo / Jorge Grespan. –
2. ed., 10ª reimpressão. – São Paulo : Contexto, 2024.

Bibliografia
ISBN 978-85-7244-236-7

1. França – História – Revolução, 1789-1799 2. Iluminismo
I. Título.

03-4645   CDD-944.04

Índices para catálogo sistemático:
1. Iluminismo e Revolução Francesa : História   944.04
2. Revolução Francesa e Iluminismo : História   944.04

2024

EDITORA CONTEXTO
Diretor editorial: *Jaime Pinsky*

Rua Dr. José Elias, 520 – Alto da Lapa
05083-030 – São Paulo – SP
PABX: (11) 3832 5838
contato@editoracontexto.com.br
www.editoracontexto.com.br

Proibida a reprodução total ou parcial.
Os infratores serão processados na forma da lei.

À memória do meu pai, que me iniciou nos caminhos do Iluminismo, sombreados pela dúvida que ele sabia tão bem temperar de confiança.

Sumário

Introdução 9

O que é Iluminismo? 13

Entre duas revoluções 21

Críticos, céticos e românticos 47

A nova Revolução 75

Conclusão 103

Sugestões de leitura 109

Introdução

Para o historiador, todos os acontecimentos, mesmo os remotos, têm atualidade e vida. Mas isso é ainda mais verdadeiro no caso da Revolução Francesa de 1789, que transformou o modo de vida até daqueles que pouco souberam ou sabem dela até hoje em dia. Não será exagero dizer que ela ajudou a dar forma ao mundo ocidental contemporâneo, moldando as instituições e os ideais que nos animam e que consideramos universais.

A partir dela, superou-se definitivamente a tradicional concepção de que os homens seriam distintos por natureza, alguns nascendo melhores do que os outros, numa visão hierárquica que acompanhou a humanidade por milênios, para ser substituída só tão recentemente pela de que todos somos iguais. Pôde ser, então, finalmente formulada a exigência de cidadania, da participação geral dos homens na tomada política das decisões sobre seu destino coletivo. Pôde também, por outro lado, radicalizar-se tal exigência na reivindicação por justiça social, em que mesmo as diferenças de classe devem ser abrandadas ou até suprimidas.

Deste acontecimento crucial, assim, brotaram tanto os ideais modernos dos direitos humanos e da igualdade de todos perante a lei, quanto os da própria "revolução" enquanto mudança necessária e radical das estruturas sociais, mudança presente de modo crítico na própria modernidade.

Mas neste ponto a Revolução Francesa teria somente consagrado na prática as ideias de liberdade e igualdade que vinham sendo desenvolvidas pelo movimento filosófico conhecido como Iluminismo. De fato, desde o próprio século XVIII acredita-se que

A Igualdade (*L'Égalite*) exibe a Declaração dos Direitos do Homem, documento lançado em 1789 sob influência dos ideais iluministas e um dos principais símbolos da Revolução Francesa: a superação da concepção tradicional de que os indivíduos nascem distintos por natureza.

o Iluminismo teve papel preponderante em preparar os espíritos para a derrocada da ordem social vigente durante a Revolução Francesa de 1789. E embora trabalhos de historiadores recentes tenham lançado algumas dúvidas a respeito da naturalidade dessa ligação entre a filosofia e a revolução, não se deve abandonar completamente a antiga convicção. Trata-se de não separar de modo absoluto ambos terrenos, como se o Iluminismo se limitasse a uma elaboração teórica e a Revolução, por seu turno, fosse apenas um movimento prático.

É nesse sentido que caminhará a abordagem do presente livro. O Iluminismo é aqui considerado já como uma reflexão sobre um processo revolucionário, o ocorrido na Inglaterra do século XVII, que consagrou alguns princípios básicos para a filosofia política, moral e até da natureza. E o desenvolvimento desses princípios no século seguinte não podia deixar de ter um caráter ativo, de intervenção crítica e modificação da sociedade da época. Por outro lado, a Revolução Francesa representou não só a realização dos ideais iluministas, como também sua elaboração teórica, evidenciando os impasses e a necessidade de ultrapassar aquele marco filosófico.

Não poderemos então nos furtar à narrativa de alguns acontecimentos de toda esta história, para embasar sua análise. Sem dúvida, é impossível pretender esgotar a riqueza e a imensidão de todo o ocorrido. Nem, muito menos, subscrevemos a tese ingênua do historicismo que afirma poder contar uma história tal qual ela teria acontecido. O fio condutor e o critério de seleção do exposto devem vir, assim, da própria relação entre o Iluminismo e a Revolução, isto é, do sentido de que ambos têm um para o outro, da sua reciprocidade. Longe de eliminar a pluralidade de interpretações possíveis, essa proposta visa explicitar um elo efetivo pelo qual tais interpretações ganham novo enfoque.

Com isso, pensamos ser possível também derrubar alguns mal-entendidos arraigados, especialmente sobre o Iluminismo, como o de que ele aspirava a tudo conhecer: melhor seria entendê-lo como afirmação do direito de tudo duvidar. Um certo ceticismo se conforma muito mais ao projeto dos grandes filósofos do século XVIII do que o dogmatismo que lhes é geralmente e erradamente atribuído. Da mesma forma, seu conceito de razão era muito diferente do racionalismo cartesiano, abrindo espaço para a valorização da experiência, dos sentidos e dos sentimentos, propiciando até que surgisse, do seio do Iluminismo, o movimento considerado como seu antípoda: o Romantismo.

São tais conceitos rígidos a respeito de um assunto tão rico e complexo que pretendemos atacar e modificar neste livro. E com isso, de certa forma, estaremos fazendo jus ao próprio objeto aqui tratado, que se define pelo poder da crítica, pela insatisfação diante de todo o consagrado, pela desconfiança em face de toda a unanimidade. Em um tempo em que a clássica pergunta "o que fazer" retorna necessária e urgente, acreditamos que esses temas e questionamentos adquirem uma importância e uma oportunidade evidentes.

O que é Iluminismo?

Como em um balanço do século que findava, a pergunta "o que é Iluminismo?" animou um importante debate na Alemanha entre 1783 e 1784, famoso pela riqueza das respostas apresentadas, especialmente a de Immanuel Kant, professor da Universidade de Königsberg. Mas, bem antes dessa data, grandes pensadores já buscavam explicar o nome escolhido para a época de transformações em que viviam: século das luzes, do esclarecimento. É que, apesar de muito sugestiva, a metáfora da luz, da clareza das ideias, não era precisa quanto a seus possíveis significados. E o debate continuou, assim, até nossos dias, suscitando as mais variadas definições.

A questão fica ainda mais complicada se acrescentarmos o problema da relação entre o pensamento Iluminista e a Revolução Francesa de 1789. Novamente, esta relação foi assinalada na própria época, pelos revolucionários e pelos primeiros intérpretes dos acontecimentos. Em certo momento, chegou-se a conceder a mais alta honraria a Voltaire e a Rousseau, pensadores rivais, só reunidos pela homenagem que transladou seus restos mortais para o Panteão dos heróis da pátria.

Ao prestar tributo a eles, a Revolução mostrava não estar interessada nas diferenças entre suas obras, mas em reconhecer o débito intelectual dela mesma para com a profunda crítica social e política contida em ambas. Mas o aspecto estranho dessa reunião póstuma não tardou em chamar a atenção de intérpretes posteriores, que passaram a lançar dúvidas sobre a naturalidade do enraizamento da Revolução no Iluminismo. Afinal, nem todos os pensadores do "século das luzes", a começar pelo próprio

Voltaire, apoiariam totalmente o que ocorreu na França depois de 1789. Mais ainda, o fato de se ter passado por alto a oposição entre os dois homenageados sugeria não só uma apreensão superficial das "luzes" pelos revolucionários, como também a falta de unidade intelectual do Iluminismo.

A respeito do primeiro ponto, da apreensão da filosofia pela Revolução, surge o problema da difusão das ideias iluministas. Depois dos estudos detalhados feitos pelo historiador Daniel Mornet, na década de 1930, historiadores mais recentes, como Norman Hampson e Robert Darnton, mostraram que antes da Revolução era relativamente restrita a circulação dos livros que tratavam de filosofia e política. Conhecia-se Rousseau, por exemplo, muito mais pelo romance *A Nova Heloísa* e pelo projeto pedagógico contido no *Emílio*, do que pelo *Contrato Social*. Era a literatura em geral, incluindo a de cunho erótico, que mais se publicava, comprava e lia. Em que sentido, então, pode-se admitir que os ideais da Revolução de algum modo nasceram dos ideais do Iluminismo? E como imaginar que os livros, caros e disponíveis em quantidade reduzida, até por serem objeto da censura régia, podiam ter atingido as camadas sociais mais baixas, justamente as mais mobilizadas e engajadas na Revolução, a ponto de as terem influenciado?

Quanto à falta de unidade das próprias ideias iluministas, praticamente todos os estudos específicos feitos hoje em dia sobre elas e seus autores enfatizam de modo correto suas diferenças nada

Rousseau e Voltaire, pensadores rivais, reunidos pela posteridade como inspiradores da Revolução: o Iluminismo não foi uma "escola" intelectual única, mas sim um movimento de ideias que repudiava justamente qualquer sistema rígido e acabado de pensamento.

desprezíveis. Tornou-se quase um lugar comum assinalar que por Iluminismo não se pode entender um sistema coerente e homogêneo de pensamento, nem sequer com o mínimo de unidade para classificar uma "escola" filosófica. Deste modo, a que se referiam os revolucionários quando estabeleciam no Iluminismo sua origem intelectual? Se considerarmos as grandes distinções entre os pensamentos e pensadores do século XVIII, e não só as existentes entre Voltaire e Rousseau, parece difícil responder à pergunta. Por isso há quem diga que o Iluminismo foi de fato uma invenção dos revolucionários na busca por legitimação ou por unidade de projeto político, ou foi uma reconstrução posterior de historiadores tentando fixar seu objeto de estudo.

Contudo, não há porque exigir do Iluminismo características idênticas às de outros movimentos intelectuais. Se ele não foi sistema acabado ou "escola" de pensamento, nem por isso deve ser classificado como invenção ou construção pura e simples. Se ele realmente abarca uma multiplicidade enorme de ideias e campos de estudo, não admite, por outro lado, nenhuma ideia: há o que ele exclui, o que ele critica, sendo, aliás, principalmente como atitude crítica que se definiam as "luzes" aos olhos dos seus contemporâneos. Podemos partir, então, dessa autoconsciência da época, até porque ela estabelece algo de real no Iluminismo.

A liberdade de tudo criticar não é, porém, um comportamento apenas negativo, apenas excludente de determinados objetos ou formas de estudá-los. A crítica ao mesmo tempo aponta para o que deve ser aceito e afirmado. Há um conjunto de temas e questões recorrentes na obra dos filósofos mais diversos, há pressupostos presentes em todos eles. Assim, o Iluminismo não se restringe a uma simples atitude de crítica, envolvendo necessariamente o ponto de vista a partir do qual ela era feita. Mas a crítica constituiu, sem dúvida, um elemento fundamental no movimento das ideias, imprimindo-lhes uma dinâmica, impedindo que se cristalizassem numa totalidade estática, pronta. O Iluminismo não podia ter uma forma sistemática, portanto, já que se definia justamente pelo repúdio de todo e qualquer sistema rígido e acabado de pensamento.

Mais do que uma atitude mental, o Iluminismo foi movimento de ideias, no sentido forte de um processo de constituição e acumulação de saber sempre renovado e sempre capaz de ser modificado até nos fundamentos. Este é o significado da máxima latina com a qual Kant definiu o Iluminismo na sua resposta à polêmica de 1784, mencionada acima: "*sapere aude*" – "ousa saber", isto é, "ousa servir-te do teu próprio entendimento", sem imitar ou aceitar passivamente as ideias das autoridades reconhecidas e temidas. Mais do que um convite ao estudo, o lema é uma convocação à independência intelectual diante dos demais, incluindo aí os grandes filósofos; independência diante dos consagrados modos de ver o mundo, diante de todo o conhecimento que se apresenta como definitivo, diante dos pressupostos em que se assenta o saber, inclusive o saber próprio.

Jean-Jacques Rousseau, o iluminista, numa alegoria do século XVIII, a qual o retrata como o "pai espiritual" da Revolução Francesa.

A máxima kantiana expressa a postura generalizada de inconformismo com que se caracteriza o seu século, e também, a partir daí, define o Iluminismo como um verdadeiro movimento das ideias. Se na prática permaneceram intocados tantos pontos de partida filosóficos – os temas e as questões recorrentes assinalados acima –, por outro lado, fazia parte da disposição esclarecida poder também modificá-los. Neste sentido, é perfeitamente iluminista a proposta a partir da qual Kant elaborou o projeto para a obra filosófica que realizaria a partir de 1780: já que a razão se definia como o direito de tudo submeter a exame, também ela deveria ser submetida a seu próprio crivo, aparecendo como "crítica da razão" pela razão.

O Iluminismo é capaz, assim, de autocriticar-se, de voltar-se até contra si mesmo, coroando uma trajetória de constantes modificações, dentro da qual ele já havia se desenvolvido em direções diferentes e conflitantes. Como veremos, é da radicalização de sua atitude geral de suspeita, por exemplo, que surge a tendência ao ceticismo, marcante em Voltaire e especialmente em Hume, contrariando uma concepção bastante difundida atualmente do Iluminismo otimista quanto às possibilidades de tudo explicar e entender. Bem como é dentro dele que se desenvolve o cultivo da subjetividade individual, da intimidade psicologicamente analisada pelo romance, que levará finalmente ao movimento literário e filosófico do Romantismo, profundo e duro crítico das "luzes".

Por isso, indo além das interpretações que simplesmente constatam a falta de homogeneidade das ideias iluministas, deve-se reconhecer que elas eram ambíguas, sendo sua unidade complexa e precária; mas também que, dessa ambiguidade, resultavam conflitos e tensões responsáveis por seu movimento, pelo desdobramento de conceitos e raciocínios latentes, explicitados através do confronto com seus contrários. Tal processo, deste modo, ocorre de acordo com uma dialética que supera a concepção da unidade das ideias apenas como homogeneidade e coerência absoluta.

E com essa definição do Iluminismo, de certa forma começa a ficar visível inclusive a relação entre o Iluminismo e a Revolução. Tradicionalmente apresentados como fenômenos distintos, mesmo nas versões mais sofisticadas em que são associados como imagens se espelhando mutuamente, uma no campo das ideias e a outra no da ação, seu vínculo é, porém, mais estreito. Afinal, o Iluminismo foi também uma prática, pela qual ideias eram produzidas, difundidas, criticadas e modificadas. E a Revolução possuía uma inevitável dimensão de projeto elaborado no campo teórico, embora sua execução levasse para além dessa dimensão inicial. De qualquer modo, na medida em que é movimento de crítica, o Iluminismo tem um aspecto revolucionário: por definição, ele nunca pode fixar fundamentos rígidos e construir um sistema acabado e imutável de ideias, mas, inversamente, sempre contestá-las e modificá-las. Aparece aqui um primeiro conceito de revolução, ligado à forma em que se dava a constituição da prática teórica iluminista.

Rousseau em meio aos filósofos atenienses, alegoria datada de 1793.

Mas, além da forma de movimento das ideias, qual o conteúdo político e social que define o conceito mais abrangente de revolução? Antes de tudo, devemos ter o cuidado de não alargar tanto o conceito que ele pouco tenha a ver com a autoconsciência do século XVIII, pois foi nos seus quadros que se elaboraram os projetos revolucionários. Uma definição anacrônica faria ressurgir a dicotomia que separa rigidamente os campos da teoria iluminista e da ação revolucionária, como se esta última pudesse ter sentido independentemente das ideias em jogo. As perguntas mais férteis, neste caso, seriam: qual é o significado da palavra revolução naquele contexto e por quais transformações passou esse significado durante a própria Revolução? Ou ainda, como a prática política alterou os conceitos? Aqui é essencial atentarmos para o fato de que as referidas homenagens feitas a Voltaire e a Rousseau ocorreram em dois momentos distintos do processo – 1791 e 1794, respectivamente – o que ajuda a explicar a estranheza dessa reunião dos dois filósofos adversários. Em cada momento, a Revolução se concebia de modo diferente, correspondendo à obra de um deles mais que à do outro e conferindo, a cada um, um significado específico. Essa diferença é crucial para entendermos todo o processo, organizando a divisão do capítulo final deste livro.

A profunda relação entre a teoria e a prática, além disso, explica também a forma do desenvolvimento das ideias iluministas, que só era revolucionária por estar inserida em um quadro maior de uma revolução real. Ou seja, o Iluminismo nasce de um contexto revolucionário, que é o que lhe conferiu o aspecto crítico pelo qual se definiu e constituiu. Veremos com detalhes adiante que no âmbito das Revoluções na Inglaterra do século XVII — a Puritana de 1640 e a Gloriosa de 1688 — é elaborado e consagrado um pensamento crítico, marcando decisivamente o século seguinte em toda a Europa.

O que lá se produziu foi uma primeira refutação e recusa do Absolutismo monárquico como forma de governo, associada desde então à tirania e usurpação dos direitos tradicionais do povo. A doutrina clássica do "direito natural" foi fundamental nessa definição dos direitos e de sua usurpação: concebiam-se tais direitos como próprios do ser humano por sua natureza, e não como algo concedido pelas leis de um governo ou mesmo de uma determinada sociedade. Por isso, em nenhuma situação de ordem política ou social seria legítimo que eles fossem confiscados ou enfraquecidos. Quem o fizesse seria por definição um tirano, e ao povo seria lícito depô-lo. O direito de rebelião ou revolução estava assim assegurado, num precedente histórico de enorme significação.

De fato, o século XVIII aprendeu essa importante lição, e enquanto os ingleses velavam ciosamente por preservar a liberdade conquistada, as outras nações europeias olhavam com admiração para o seu exemplo, aspirando obter um sistema semelhante. E o Iluminismo tratou de daí deduzir as consequências teóricas, a partir do pressuposto da existência desses "direitos naturais", sempre presentes nas obras dos mais importantes filósofos, embora em formulações diferentes. Eram tais direitos que constituíam a base a partir da qual a crítica ao despotismo e ao dogmatismo se exercia, determinando a tarefa das "luzes". Assim, se a filosofia se desenvolveu sobre essa base, apresentando-se como a guardiã destes direitos, então sua defesa e realização através de uma revolução

Uma jovem, com a bandeira tricolor e o barrete frígio – símbolo da liberdade –, numa homenagem à canção francesa. O texto faz referência à Marselhesa, o canto de guerra que viria a se transformar, a partir de 14 de julho de 1795, no hino oficial da França.

seria a execução do programa da própria filosofia. Neste sentido, a relação entre o Iluminismo e a Revolução está estabelecida desde o início e por princípio.

Daí que a Revolução Francesa comece aspirando apenas cumprir os direitos naturais, limitando o poder do rei e eventualmente destronando o tirano. Mas, na medida em que a ação revolucionária transcende o seu programa, ela foi, além disso, fazendo surgir um novo conceito de revolução.

Entre duas revoluções

A ordem social e política existente na época do Iluminismo, a qual este se contrapôs com maior ou menor intensidade e que foi finalmente derrocada pela Revolução Francesa, passou a ser chamada, a partir de 1789, de "antigo regime". É fundamental compreendê-lo em seus vários aspectos, para resgatar o contexto em que se formou o pensamento das "luzes", delimitando suas possibilidades e configurando o objeto de sua crítica. Assim, o "antigo regime" se caracterizou essencialmente pelo rearranjo de forças entre a aristocracia e a realeza que permitiu a centralização de poder conhecida como monarquia absoluta; e o Iluminismo, ao contrário, distinguiu-se por suas objeções de cunho liberal a ela. De fato, a sociedade francesa do século XVIII ainda é fortemente hierarquizada e aristocrática, com o governo gravitando em torno da figura do rei, centro a partir do qual o poder é exercido de modo inconteste. Por seu turno, os autores iluministas sentem profundamente a necessidade de alterar tal quadro, tomando como exemplo o sistema político adotado pela Inglaterra depois do longo processo revolucionário do século anterior, que garantiu a posição fundamental do Parlamento ao lado da Coroa, ao mesmo tempo em que consagrou o pensamento político correspondente a essa forma de governo, o liberalismo. Este último será, portanto, constitutivo da crítica iluminista, definindo seu projeto filosófico e de intervenção social. É em torno desse eixo que serão dispostos os outros elementos distintivos das "luzes", como a filosofia da natureza, do conhecimento e da história. É por ele, então, que deve começar nosso estudo do tema.

O ABSOLUTISMO monárquico

Acontecimento marcante da Era Moderna, o surgimento dos Estados nacionais na Europa se deu sob a forma da monarquia absoluta. A longa crise econômica e política dos séculos XIV e XV havia enfraquecido o poder local dos senhores feudais e das cidades que gozavam de certa autonomia, permitindo que fossem combatidos com crescente eficácia pelos reis, especialmente na França, Inglaterra, Portugal e Espanha.

Por "absolutismo", entretanto, não se deve entender um regime no qual o monarca governa sozinho, como se detivesse nas mãos a força política total e plena. Além de ouvir seus conselheiros, geralmente de origem nobre, os reis eram obrigados eventualmente a convocar Parlamentos ou assembleias gerais de representantes das várias camadas da sociedade, de acordo com a tradicional divisão em três "estados" ou "ordens" sociais: o clero, a nobreza e a burguesia. Essas assembleias tinham o direito de estabelecer leis ou de revogar as promulgadas pela Coroa e, principalmente, de aprovar aumentos de impostos ou a criação de taxas especiais, imprescindíveis para financiar as constantes guerras e outros empreendimentos custosos.

Para não ter de fazer as inevitáveis concessões em tais casos, os reis preferiam usar recursos do próprio tesouro ou criar outras fontes, como a venda de cargos administrativos e nobiliárquicos ou do direito a arrecadar impostos. Embora conseguissem deste modo permanecer às vezes muitos anos ou até décadas sem convocar os órgãos representativos, alguma circunstância de crise econômica ou nas finanças do Estado acabava obrigando-os a fazê-lo, o que podia inaugurar um período de conflito, como ocorreu na Inglaterra de 1640 ou na França de 1789.

Em que sentido, então, essas monarquias podem ser chamadas de "absolutas"? O termo refere-se basicamente à centralização do poder realizada nesta época em diversas dimensões da vida pública. Em primeiro lugar, tratava-se de formar um território unificado por onde se fizesse cumprir a autoridade real, combatendo, como já foi dito, as senhorias feudais e as cidades relativamente autônomas, ambas ciosas por preservar sua parcela de independência. Embora fossem vassalos do rei, conforme o ordenamento jurídico medieval, na prática elas se valiam das imensas dificuldades de transporte e de comunicação para desconhecer a vontade do suserano e continuar exercendo o poder local que o mesmo ordenamento feudal lhes outorgava. Só uma política tenazmente perseguida ao longo de séculos, através de guerras internas e concessões habilmente feitas e depois retiradas, é que permitiu aos reis a obtenção gradual do controle de regiões mais distantes do núcleo original, no qual sua autoridade era reconhecida.

Além do enfrentamento direto de seus rivais, a estratégia para realizar a centralização variava conforme a situação. No caso da luta contra a aristocracia, porém, predominou uma espécie de aliciamento. Por um lado, a nobreza rural foi perdendo a capacidade militar de opor-se aos levantes camponeses de crescente envergadura, contando para isso com o auxílio das tropas reais, numa aliança fundamental para a sobrevivência feudal. Por outro lado, o fenômeno persistente da inflação durante o século XVI, associado ao afluxo de metais preciosos da América recém-conquistada, levou muitas casas aristocráticas de tradição medieval à falência, obrigando-as a vender seus domínios à baixa nobreza em ascensão ou a elementos da burguesia urbana, desejosa de enobrecimento pela posse de terras.

Tal processo revelou-se ainda mais forte na Inglaterra, onde as terras confiscadas da Igreja Católica pela Reforma Anglicana foram vendidas pela Coroa, numa forma de evitar a convocação do Parlamento. Surge aí uma nova aristocracia, a *"gentry"* (os gentishomens), de origem frequentemente burguesa, iniciando um tipo capitalista de exploração de suas propriedades rurais e influenciando com essa mentalidade os remanescentes da velha aristocracia tradicional. Os títulos de nobreza necessários para o reconhecimento do *status* desse grupo eram concedidos ou vendidos pelo monarca, que gradativamente consolidou sua posição de fonte única do enobrecimento – privilégio que até então ele dividia com os senhores mais importantes, de acordo com os códigos de suserania da Idade Média.

Mesmo na França, onde era bem menor a relevância dos gentis-homens, também ocorria a venda de títulos nobiliárquicos e a

Luís XIV, o "rei-sol", a quem se atribui a frase célebre, síntese do absolutismo: *L'État c'est moi* (O Estado sou eu).

ascensão social de funcionários da Coroa, chamados justamente de "nobreza de toga". Com isso tudo, enfim, os reis concentram ao seu redor a aristocracia, em Cortes significativamente ampliadas. O exemplo mais brilhante desse movimento é a construção do palácio de Versalhes por Luís XIV em 1682, para onde levou os nobres, que passaram a gravitar alegremente em torno do "rei-sol". Consequência disso e de toda a reestruturação militar foi o progressivo desarmamento da aristocracia, que perde a função distintiva por ela possuída na tradição feudal. Ao processo de monopolização do enobrecimento pelo monarca, segue-se então o de monopolização da violência, isto é, o direito exclusivo do uso da força pelo Estado.

Quanto às cidades e suas burguesias de mercadores e mestres artesãos, a centralização do poder implicou retirar delas a autonomia para determinar a qualidade e a quantidade dos bens produzidos e comercializados. Essa autonomia, garantida na Idade Média pela fragmentação da autoridade, contraria a necessidade concentradora do Estado moderno e levou a um longo confronto de interesses entre este e os patriciados urbanos, às vezes muito poderosos. É quando se inicia o chamado "mercantilismo", política de regulamentação governamental da economia, que passa a ser concebida também como esfera pública e não apenas privada. Paralelamente à integração política do território, acontece, portanto, a formação de mercados "internos" maiores, no âmbito de regiões cada vez mais amplas até configurar um todo nacional.

Contudo, deve-se observar que o poder central não extingue simplesmente as fronteiras e barreiras existentes; antes, ele as domina e mantém, passando a controlá-las e coordená-las em seu próprio benefício. É este o sentido dos "Regulamentos" das manufaturas francesas, por exemplo, instituídos em 1663 por Colbert, superministro da economia de Luís XIV. Mantidos por mais de um século, tais regulamentos conservaram as limitações típicas das antigas corporações de ofício e de comércio, estabelecendo a forma da produção, o número de mestres, aprendizes e assalariados de cada manufatura, bem como o tipo e a quantidade de cada produto e a esfera de sua comercialização.

E outros Estados europeus atravessavam processo semelhante de criação de "guildas" nacionais, às quais era acrescentado o enfraquecimento do poder econômico local e regional dos senhores feudais. Se tradicionalmente estes tinham o direito a cunhar moedas, a fixar pesos e medidas, a estabelecer taxas e a cobrar pedágio sobre a passagem de mercadorias por seus domínios, esses direitos são paulatinamente deles retirados e concentrados pela monarquia. Assim como a cunhagem de moeda e a fixação de medidas vão se tornando monopólio do Estado central, também isso ocorre com os pedágios, que continuam a existir, só que agora explorados pela Coroa, como é o caso mais claro da Alcabala na Espanha.

LIBERALISMO e direito natural

Além da monopolização da força militar e de coordenação administrativa, um dos instrumentos mais eficazes para realizar toda essa centralização de poder político e econômico foi a retomada do Direito Romano. Isso já vinha acontecendo desde o fim do período medieval no âmbito privado, do Direito Civil que reintroduzia instituições como a propriedade particular plena – caracterizada pelo direito de venda e não só de usufruto de um bem –, bem de acordo com as conveniências do comércio em expansão. Mas, em seguida, as exigências políticas do Estado moderno levaram a recuperar inclusive o Direito Público dos romanos, baseado na concentração do poder na figura de um príncipe ou do senado.

O desenvolvimento jurídico inevitável para adaptar as instituições antigas às necessidades do presente criou novos conceitos, dentre os quais talvez o mais importante tenha sido o de "soberania", núcleo da obra *Da República* do francês Jean Bodin (1530-1596), publicada em 1576. O "soberano" não é obrigatoriamente o monarca, conforme o uso corriqueiro da palavra, mas o poder centralizado, absoluto, que se coloca *super omnia*, sobre todos. Ou seja, acima do nível particularista do domínio senhorial e da relativa autonomia urbana, há uma instância mais alta, para a qual converge todo o poder dentro de um território e que tem a tarefa de unificá-lo.

Na "soberania" a centralização política encontrou a categoria mais adequada para pensar-se e legitimar-se. Sua elaboração nos quadros do Direito Romano retomado, porém, teve de levar em consideração um outro marco legal importante na época, desenvolvido pelo menos desde o século XIII, o "jusnaturalismo". Também derivada do pensamento jurídico romano, foi intensamente discutida pelos teólogos e filósofos medievais a doutrina de que, antes mesmo da vida política, já a natureza impõe aos homens um conjunto de leis cujo cumprimento define uma dimensão fundamental da existência, uma "justiça natural". Na medida em que é fundamental, essa dimensão estabelece uma primeira forma de sociabilidade à qual a vida política deveria se conformar: as leis criadas pelo homem são posteriores às da natureza e não podem violá-las; se o fizerem, haverá um abuso condenável. Ora, na medida em que a natureza com suas leis é criação direta de Deus, a Igreja tem a incumbência de cuidar para que não sucedam tais abusos, para que se realize o "naturalmente justo".

Não é preciso destacar o evidente interesse da Igreja em semelhante doutrina, que lhe assegurava a posição de juiz dos reis e governantes, da justeza.dos seus atos e leis. A partir do século XVI, porém, o contexto da Reforma Protestante e das guerras religiosas altera esse quadro, exatamente quando o conceito estratégico de "soberania" está em elaboração. Neste momento, não é mais à religião, cindida, que deve caber o papel de árbitro moral da política.

Há autores, como Nicolau Maquiavel (1469-1527), que chegam daí a negar a qualquer instituição este papel: especialmente em seu livro *O Príncipe*, de 1513, ele antecipa o dilema surgido logo depois com a Reforma e propõe como solução a separação entre o círculo da vida privada, terreno da moralidade, e o da vida pública, ordenado por regras próprias. Outros autores, no entanto, como o próprio Bodin, não o acompanham inteiramente e procuram soluções alternativas. O problema é que, por um lado, se o poder do Estado central é soberano, então por princípio não há instância acima dele que o possa avaliar e julgar; por outro lado, reconhecer a existência de uma tal instância parece implicar de certo modo na limitação da soberania.

A concepção medieval de "direito natural" ressurge então nesta nova situação, parcialmente despojada de suas conotações teológicas. Trata-se agora de pensar se haveria uma sociabilidade possível sem o ordenamento civil, ou melhor, se existiria sociedade sem o Estado garantindo e coordenando seu funcionamento. Recusar essa possibilidade afigurava-se como a atitude mais coerente com a definição da "soberania", que exigia a subordinação das formas mais elementares de poder, presentes em todas as relações sociais, ao nível mais elevado da esfera pública. E, de fato, os autores do século XVI se inclinavam a conceber o âmbito natural da humanidade como uma situação de barbárie, em que seria impossível existirem leis garantindo uma sociabilidade harmoniosa. E só o século seguinte que introduz um aspecto novo e crucial nesta questão.

Com a obra do holandês Hugo Grotius (1583-1645), principalmente o seu *Do Direito da Guerra e da Paz*, de 1625, as relações sociais passam a ser definitivamente pensadas de acordo com o modelo jurídico do contrato, em que as pessoas se vinculam pela transferência mútua de suas propriedades, com obrigações e direitos recíprocos. Aqui, o indivíduo é a base da sociedade, antecedendo a esta, pois é pelo seu consentimento e pelo exercício da sua vontade que os acordos são firmados. Mais ainda, a propriedade pertence à sua individualidade e a constitui, sendo seu intercâmbio que define a forma básica do vínculo social: porque são proprietários, eles têm o direito de vender um bem, cedendo a outro o direito de usá-lo. Finalmente, na formulação de Grotius, há um tipo de sociabilidade anterior à instituição do Estado, operando pelas regras do contrato. Mas Grotius é ambíguo a respeito do estatuto dessa relação contratual, não definindo claramente se ela corresponde ou não à natureza humana, ou seja, até que ponto ela limita a soberania do Estado.

Por essa ambivalência, sua obra originou interpretações diferentes, até conflitantes, com o filósofo inglês Thomas Hobbes (1588-1679) defendendo uma visão mais estrita da autoridade do soberano. Nas obras *Do Cidadão* e *O Leviatã*, publicadas em 1642 e 1651, respectivamente, Hobbes parte da definição da relação social como contrato entre indivíduos, para em seguida demonstrar que no "estado natural" esses contratos seriam apenas virtuais, não havendo como impô-los definitivamente se uma das partes decidisse não o cumprir. Os interesses divergentes dos indivíduos os conduziriam a uma verdadeira "guerra de todos contra todos" que só cessaria mediante um acordo geral, pelo qual todos consentiriam em ceder seu direito ao uso da força a um poder único e central, justamente o soberano. Este seria estabelecido, assim, também por um contrato, com direitos e obrigações recíprocos entre ele e seus súditos; tal seria o "contrato social", mais tarde formulado por Rousseau.

A ambiguidade presente na teoria de Grotius, por outro lado, suscitou uma interpretação oposta, quanto aos resultados, à hobbesiana: especialmente no *Segundo Tratado do Governo Civil* de 1689, o também inglês John Locke (1632-1704) formula uma concepção política na qual a sociabilidade contratual seria efetivamente, e não só virtualmente, possível. Os indivíduos tenderiam a respeitar os acordos firmados no nível elementar de suas relações "naturais", sob as quais Locke compreende os laços familiares e o modo com que as famílias administram seus bens domésticos e os intercambiam umas com as outras, já definindo um nível básico de economia.

Mas esse acordo é apenas possível, não inevitável. Podem também ocorrer conflitos que ponham em risco a sociedade "natural", tornando nulos os contratos e ameaçando a propriedade privada, que os contratos reconhecem e transferem mutuamente. Por isso é preciso instituir o Estado "civil" com suas leis e sua soberania, determinada, como em Hobbes, por um contrato de tipo social. Mas, diferentemente de Hobbes, como o "estado natural" é possível, ele constitui de fato uma esfera social que deve ser mantida, respeitada e garantida pelas leis civis. Mesmo depois de instituída a vida política, portanto, essa esfera permanece e, aliás, ela é a razão de ser da própria política. Mais ou menos como pensavam os jusnaturalistas medievais, as leis civis não poderiam violar as da natureza, sob pena de configurar um abuso, uma tirania da política. Na formulação de Locke, o Estado é realmente soberano, mas só no sentido de que não há poder particular acima dele; a sociabilidade primeira, dos laços familiares e, sublinhe-se, da economia, não pode ser invadida.

Desta maneira, de um golpe Locke funda o liberalismo político e econômico. A propriedade privada é um "direito natural", bem como o são os contratos entre os indivíduos. O ordenamento jurídico não é instituído para permitir a própria existência desses contratos, como em Hobbes, mas simplesmente para garantir seu reconhecimento universal, de modo que não sejam ameaçados. Na teoria de Locke, por isso, o consentimento geral transfere ao soberano apenas o direito ao uso da força, mas não o de dispor das propriedades dos indivíduos e de interferir em seu comércio. O abuso de tal direito legitimaria a deposição e substituição do soberano – isto é, uma "revolução".

Com esse conceito se encerra e completa um vasto processo intelectual. Mas não por acaso Locke chegou a ele. Se ele foi se decantando e preparando durante o longo debate sobre os direitos naturais, este debate, por seu turno, só teve significado no contexto de uma revolução efetiva, sem o exame da qual o movimento das ideias é quase incompreensível.

A REPÚBLICA de Cromwell

Enquanto a Inglaterra teve um século XVI relativamente tranquilo no plano interno, sem grande contestação à reforma pela qual Henrique VIII instituiu o anglicanismo como religião oficial, a França agitou-se no sangrento conflito entre católicos e huguenotes (protestantes seguidores das doutrinas de Calvino). Como em quase toda a Europa, o protestantismo aí se expandiu convertendo setores da burguesia e da nobreza e destruindo a unidade espiritual que cimentava os vínculos sociais. O problema era então especialmente grave, pois nesse mundo ainda tão impregnado pelo feudalismo, as relações políticas se baseavam fortemente na lealdade pessoal típica dos laços de vassalagem, que supunham a comunhão dos mesmos valores éticos e religiosos, a confiança recíproca.

O estopim da luta entre os grupos antagônicos foi a crise política dos estertores da dinastia francesa Valois, momento em que justamente a divisão das crenças coincide com a das grandes linhagens senhoriais. Quando o aspecto religioso passa a envolver mais claramente o social, sublevando parte da burguesia e do campesinato, a aristocracia sente-se ameaçada e volta a se unir, encerrando o conflito ao entregar o trono a Henrique de Navarra, com quem inicia a dinastia Bourbon, em 1589. Só a partir daí é que o absolutismo monárquico de fato se consolida na França, principalmente com a atuação de Richelieu, primeiro-ministro de Luís XIII, e do próprio Luís XIV, em cujo longo reinado (1643-1715) as instituições políticas e administrativas centralizadoras são aperfeiçoadas ao máximo.

Entretanto, na Inglaterra, a estabilidade era possível por uma circunstância particular, já mencionada: a venda das terras confiscadas aos mosteiros católicos por Henrique VIII transformou seus compradores burgueses num novo tipo de aristocracia e criou padrões sociais e econômicos aos quais até a nobreza tradicional teve de se adaptar. Ampliou-se o espaço de confluência entre as duas classes, que passaram a ter interesses comuns e encontraram nas duas Câmaras do Parlamento o caminho mais apropriado de expressão política. Foi a criação desta via institucional para suas lutas e reivindicações, junto com a hegemonia social de uma aristocracia negociante e desarmada, que impediu a pronta transformação das divergências religiosas em guerra civil.

A situação comparativa entre a Inglaterra e a França se inverte, entretanto, no século seguinte, no qual o fortalecimento do absolutismo francês coincide com a irrupção da guerra civil do outro lado do Canal da Mancha. A conjuntura econômica europeia se alterou no início do século XVII, passando de uma época de expansão para uma longa crise, em que os preços das mercadorias caíam, desestimulando sua produção e comercialização. Os lucros e as rendas se reduziam, e o Parlamento inglês começou a exigir reformas econômicas condizentes, enfrentando o conservadorismo do rei Jaime I, da nova dinastia Stuart que substituíra a antiga, Tudor, em 1603.

O conflito entre a Coroa e o Parlamento se agravou cada vez mais, alcançando o auge no reinado do sucessor de Jaime, Carlos I, que fechou a instituição e governou de modo absoluto entre 1629 e 1640. Para obter fontes de renda adicionais sem sua convocação, o rei teve de recorrer à venda de cargos administrativos, de títulos nobiliárquicos e, o que era bem pior, de monopólios concedidos a grupos de mercadores e artesãos privilegiados, que assim adquiriam o direito de excluir seus concorrentes do mercado interno. Como vimos, uma das tendências marcantes da estratégia de poder absolutista foi a de retirar a autonomia das guildas e corporações de ofício medievais, controlando suas funções e coordenando-as em âmbito nacional. Com isso, porém, elas não foram eliminadas, e sim reunidas em um sistema mais ou menos integrado que centralizava o mercado dentro do país. Embora não levasse ainda este nome, o "mercantilismo" consistiu, num primeiro momento, muito mais nessa prática de intervenção do Estado no espaço econômico interno, só mais tarde se estendendo ao externo.

O problema é que, apesar de integrar o mercado, essa estratégia perpetuava e até fazia aumentarem os obstáculos à circulação de mercadorias dentro do território: a vantagem do monopólio para

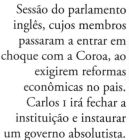

Sessão do parlamento inglês, cujos membros passaram a entrar em choque com a Coroa, ao exigirem reformas econômicas no pais. Carlos I irá fechar a instituição e instaurar um governo absolutista.

as corporações privilegiadas era exatamente a de poder fixar preços mais altos do que seriam os estabelecidos por uma concorrência aberta. Além de forçar os compradores a pagar mais caro pelos produtos adquiridos, tal política excluía uma multidão de pequenos comerciantes e artesãos do acesso ao mercado, tornando-se odiosa para eles. Até um determinado ponto, certamente essa política representou um progresso em face da dispersão medieval, conseguindo unificar mercados e favorecer a circulação, o que ajuda a explicar a expansão econômica do século XVI. A partir deste ponto, contudo, ela dificultou a acumulação interna do capital comercial e o investimento dos seus lucros na produção de mercadorias, envolvendo a economia em uma camisa de força. E isso precisamente em uma época de crise, o que só fez agravá-la.

A união de todos os grupos sociais prejudicados pelo absolutismo Stuart levou à revolução. Quando Carlos I se viu obrigado a reabrir o Parlamento depois de 11 anos, devido a uma guerra contra a Escócia, teve de enfrentar severas críticas e pesadas exigências, precipitando os acontecimentos. Desta vez não foi possível fechar a instituição, que se recusou a cumprir ordens reais e organizou a resistência armada em 1642. Defrontaram-se, então, de um lado, seus defensores, a quem vieram logo se juntar elementos das classes médias rurais e urbanas – os excluídos dos monopólios – e de outro a alta nobreza, partidária da Coroa. O conflito durou a década inteira, entremeado por uma tentativa fracassada de paz em 1647, na qual houve uma interessante mudança de posição por parte de alguns parlamentares, que passaram a defender a causa do rei, fato que sem dúvida aponta para a reconfiguração das diferenças políticas e religiosas em jogo.

Com efeito, desde o começo da luta, o partido do Parlamento congregava facções com interesses e crenças diversas. Havia nele elementos oriundos da baixa nobreza e da alta burguesia, lutando por fazer valer a autoridade da instituição em face da Coroa. Mas havia também os que eram apoiados pelos pequenos proprietários, reivindicando mudanças de caráter social, como a extinção dos monopólios e privilégios econômicos. Além disso, esses grupos mais radicais geralmente professavam religiões de inspiração calvinista, que asseguravam o "direito divino" de depor tiranos e se aproximavam do ideal republicano.

Os calvinistas, designados na Inglaterra de "puritanos", criticavam já há algum tempo a Igreja Anglicana oficial por estar demasiadamente próxima do catolicismo em sua doutrina, exigindo um protestantismo mais radical. A insatisfação religiosa se aliava à política e social, deste modo, e alimentava a oposição que o grupo dos pequenos proprietários fazia à monarquia. Foram principalmente membros desse grupo que formaram o "exército de novo tipo", comandado por Oliver Cromwell e assim chamado porque seus soldados eram assalariados, abstendo-se da prática comum na época de saquear o campo inimigo.

Desta forma, era claro o predomínio político dos pequenos proprietários rurais e urbanos no famoso debate de Putney, em 1647, quando o exército de Cromwell se reuniu para discutir os rumos da revolução. Estavam presentes, porém, representantes das outras classes que compunham esse exército, de modo que o debate evidenciou a variedade da sua composição social. A grande diferença entre as propostas apresentadas exprimia a oposição entre o interesse dos pequenos proprietários e o dos trabalhadores e camponeses que haviam aderido ao conflito: estes reivindicavam direitos radicais, como o sufrágio universal e a igualdade de todos perante a lei – plataforma dos chamados "niveladores" – ou até à igualdade social, com a abolição da propriedade privada e o retorno das terras à posse comunal – pedida pelos denominados "escavadores".

Venceu a facção predominante, liderada por Cromwell e seu genro, Ireton, consagrando as reivindicações mais moderadas dos proprietários. Apesar disso, o radicalismo do debate, muito avançado para as condições da época, assustou a ala conservadora do Parlamento, formada por alguns nobres e grandes mercadores privilegiados. Seus representantes resolveram então mudar de lado e animaram o rei a retomar a luta, para reaver suas prerrogativas absolutistas. Mas com essa defecção dos conservadores, a ala que permaneceu foi a mais revolucionária – alguns membros liberais da baixa nobreza e, mais importante, os defensores do interesse dos pequenos proprietários prejudicados pelos monopólios. É o triunfo deles que explica a subsequente execução de Carlos I, em 1649, e a implantação da república governada por Cromwell.

A REVOLUÇÃO no pensamento

Todo esse processo revolucionário foi acompanhado, por outro lado, por um movimento intelectual não menos importante. Desde os tempos do confronto entre o Parlamento e Jaime I, ilustres partidários de cada um tomaram da palavra para defender suas posições, produzindo discursos políticos de grande relevância e repercussão. (Foi o caso da polêmica entre o jurista Edward Coke e filósofo Francis Bacon, na década de 1620, sobre a relação entre Direito Costumeiro inglês, defendido pelo primeiro, e as prerrogativas do rei amparadas pela retomada do Direito Romano.)

Em seguida, o agravamento do conflito político multiplicou o número de panfletos e livros, ao mesmo tempo em que consolidou o debate, no qual algumas ideias puderam alcançar grande elaboração e refinamento. E quando se formula, por exemplo, a teoria do "direito divino" dos reis, apresentada por Robert Filmer (1588-1653) em escritos políticos de 1648 a 1653 e depois em *O Patriarca*, publicado em 1680. É também então que Hobbes publica os livros já mencionados, nos quais a penetrante análise dos fundamentos e limites do poder tem como objetivo a intervenção na discussão da época, embora sua profundidade faça deles clássicos lidos até hoje.

A restauração da monarquia em 1660 não sepultou as ideias elaboradas no período revolucionário, que voltaram à tona com o novo conflito entre o Parlamento e o rei Carlos II, vinte anos mais tarde. Filósofos como Tyrrel e Locke retomam a polêmica com Filmer e Hobbes, reinterpretando a tradição dos "direitos naturais" sobre a qual se assentava todo o debate político do século. E quando triunfa a Revolução "Gloriosa" em 1688, garantindo definitivamente a supremacia do Parlamento inglês sobre a Coroa com a deposição de mais um rei, Locke retorna do seu exílio na Holanda para publicar o *Segundo Tratado do Governo Civil*, no ano seguinte.

Como vimos, esta obra afirma a efetividade dos contratos entre os indivíduos no "estado natural", que reconhecem reciprocamente suas propriedades privadas, podendo, daí, intercambiá-las. Assim, a esfera social em que não pode intervir o poder político fica definida como a das relações econômicas, ao mesmo tempo em que nestas se funda um novo objeto de estudo. Realmente, mesmo sem ter desenvolvido em seus próprios trabalhos todas as possibilidades que abriu com seu conceito de "estado natural", Locke pelo menos inaugura um dos campos mais férteis que o século XVIII viria a explorar, o da Economia.

As consequências teóricas da sua formulação já eram visíveis: como as relações econômicas existem por si mesmas, é supérflua e indesejável a interferência do Estado nesta esfera, prenunciando o lema do liberalismo: *"laissez-faire, laissez-passer"* ("deixai fazer, deixai passar"). E não menos evidentes eram as consequências práticas, pois, atendendo às reclamações dos pequenos comerciantes e artesãos, desde 1649 não foram mais renovadas as concessões de monopólio para o mercado interno inglês, o que fez com que rapidamente desaparecessem. Os capitais podiam, portanto, circular livremente e se acumular, sendo inclusive reinvestidos na produção dos bens comercializados, de modo a propiciar o enorme crescimento das manufaturas da Inglaterra e a sua posterior Revolução Industrial.

Igualmente importante é a análise da extensão e das formas do poder político, feita no Capítulo 12 do *Segundo Tratado do Governo Civil*, com a proposta inovadora de divisão tripartite das funções do Estado. Locke distingue o poder Executivo do Legislativo, determinando uma relação entre a Coroa e o Parlamento que correspondia perfeitamente aos resultados liberais alcançados pela Revolução Inglesa. O poder executivo, junto com o terceiro, que ele chama de "federativo", isto é, de fazer a guerra ou a paz com o estrangeiro, deve ser subordinado ao Legislativo, pois este é eleito e representa diretamente o povo.

Por fim, Locke enfrentou habilidosamente a tarefa de pensar o poder a partir de bases laicas numa época marcada pelas lutas religiosas, não só na Inglaterra e na França como também na Alemanha, onde se deu a devastadora Guerra dos Trinta Anos, entre 1618 e 1648. O conflito alemão havia expressado bem o problema, ao terminar impotente para separar o Estado da fé, impondo ao súdito que seguisse a religião do seu príncipe. Mantinha-se aí em parte a noção feudal de que a obediência política se fundamentaria na lealdade pessoal, assegurada pelo fato de os suseranos e vassalos compartilharem da mesma convicção, isto é, idênticos valores morais e crenças religiosas. Este era, aliás, um dos sentidos do ritual de "sagração" do cavaleiro, no qual a posição social e política do vassalo em face do superior se respaldava em seu caráter sagrado.

Como vimos, no entanto, a cisão religiosa originada na Reforma Protestante tornou necessário buscar em outra fonte o fundamento da obediência e dos direitos civis. Grotius e Hobbes já tinham visto claramente a questão, solucionando-a mediante a substituição da convicção pelo conceito de contrato, estendido da vida privada para a pública. Em vez da expectativa pela lealdade do súdito, a obediência estaria garantida por uma espécie de acordo que estabeleceria direitos e deveres recíprocos entre o soberano e o indivíduo. Do mesmo modo que nos contratos, cada vez mais importantes para os negócios particulares, seria a expectativa de receber o seu direito que levaria o súdito a prestar o dever correspondente de obediência. Na obra de Hobbes, especialmente, essa ideia conduzia a uma teoria autoritária do poder. Por seu turno, reinterpretando essa doutrina do contrato natural, Locke consegue conciliar a fundação laica do Estado num contrato social com a exigência de respeito à esfera privada, chegando até a pensar a participação política, a cidadania.

Daí para frente, os dois âmbitos estavam totalmente dissociados – a política na esfera pública e a religião como problema privado, pertencente ao foro íntimo. É o argumento das *Cartas sobre a Tolerância*, escritas entre 1689 e 1693: nelas, Locke defende a tolerância religiosa como a atitude pessoal que melhor corresponderia à situação política de imprescindível distanciamento entre fé e Estado. O dogma religioso não era mais necessário para respaldar o poder, e a perda desta importante função deixou-o à mercê da crítica e do livre exame. Assim se configurou o Iluminismo.

A CRÍTICA como princípio

Ambos bem nascidos e relativamente jovens, gozando já de reconhecimento por suas primeiras obras literárias e com prognósticos de brilhante futuro, Montesquieu e Voltaire decidem mais ou menos na mesma época viajar pela Europa, ampliando horizontes. Embora inicialmente tenha percorrido outros países, Charles

Louis de Secondat – o Barão de Montesquieu – ficou bem mais tempo na Inglaterra, onde fez amizades importantes e chegou a ser admitido como membro da Academia Real. François Marie Arouet – logo conhecido pelo pseudônimo de Voltaire – foi direto a Londres, depois de uma confusão provocada por alguns versos satíricos, que lhe valeu um encarceramento na Bastilha. Não chegaram a se encontrar, mas ficaram ambos encantados com as instituições e as ideias liberais, de que a sua França parecia tão distante.

De fato, em torno de 1730 a Inglaterra fervilhava de agitação intelectual, política e econômica. O visível enriquecimento do comércio e das manufaturas era acompanhado pelo perfeito funcionamento dos órgãos administrativos e políticos, com o Parlamento à frente de tudo, dividindo poderes com uma Coroa apaziguada. A realidade parecia corresponder plenamente às prescrições teóricas dos filósofos cujo pensamento imperava então, consagrado: Locke e Newton, em especial. Eram concepções ousadas do mundo humano e do natural, que revolucionavam a tradição do século XVII, na qual a Europa continental estava ainda mergulhada.

De volta à sua pátria, Montesquieu e Voltaire se encarregaram, cada um a seu modo, de difundir o pensamento inglês e desenvolvê-lo em função das condições da França. Em 1734, logo depois de seu retorno, Voltaire publica as *Cartas Filosóficas*, cujo primeiro título foi *Cartas escritas de Londres sobre os ingleses*. Nelas o elogio das instituições e da filosofia do país vizinho servia para julgar e condenar seus congêneres franceses, o que teve grande impacto junto ao público. Mais tarde ele tratou de traduzir e divulgar o pensamento de Newton e de Locke, sempre com o mesmo intuito crítico. Também Montesquieu escreve um *Ensaio sobre a Constituição Inglesa*, e a influência da sua estada na Inglaterra se faz sentir em obras posteriores, inclusive na mais importante, *O Espírito das Leis*, de 1748. Eles compreenderam que uma transformação intelectual estava em curso do outro lado do Canal da Mancha, garantida e posta em prática pela revolução política lá ocorrida em 1688 – considerada por eles como um exemplo muito mais digno de ser imitado que a de 1642, sangrenta e socialmente radical.

Ambos sabiam que a França tinha características peculiares e questões próprias a resolver, mas viam no novo enfoque a vantagem de fazer aparecer o conteúdo delas de uma outra forma, revelando tensões e lacunas antes insuspeitadas. Na realidade, o desenvolvimento de suas ideias fez com que esse conteúdo distinto também produzisse mudanças necessárias no enfoque trazido da Inglaterra, adaptando-o ao novo ambiente. Surgiram, assim, as "luzes".

Mas para além das diferenças entre o Iluminismo inglês e o francês – ou, quando o movimento se expande pela Europa, entre eles e o Iluminismo alemão, o italiano etc. –, a origem comum sempre está presente e lhes imprime uma marca de nascença: o Iluminismo, em suas várias vertentes, guarda da revolução o princípio da crítica. Tudo pode ser examinado, dissecado, exposto; não há assuntos ou questões que possuam o direito de ser furtado ao esclarecimento, de ser ocultado na sombra sob o pretexto da autoridade ou do dogma. Será justamente contra o dogmatismo, isto é, a pretensão de que existem verdades acima da possibilidade de comprovação, que têm de ser aceitas sem discussão, que se voltará fundamentalmente o Iluminismo. Sua crítica não é aleatória, portanto, indiferente ao objeto sobre o qual incide. O contexto histórico onde ela nasce e floresce finca as raízes do seu alvo nas circunstâncias da guerra civil e religiosa contra o absolutismo monárquico. Os dogmas fundamentais deste sistema de poder constituirão por isso o objeto primordial do ataque iluminista, que pode ser analisado em suas três frentes principais de combate.

O dogma político

Em primeiro lugar, o alvo da crítica foi o próprio poder absoluto dos reis, situando-se com isso no campo político. A definição de tirania dada por Locke, como abuso das prerrogativas da Coroa sobre os "direitos naturais" do povo, permanecerá em todo século XVIII, compondo as categorias centrais da filosofia política Iluminista. A contraposição entre um "estado de natureza", em que já haveria uma sociabilidade rudimentar, e o "estado político" ou "civil", cuja organização deve ser erguida sobre o primeiro, não contrariando suas leis; a instauração desse "estado civil" por um contrato social, fixando os deveres do súdito e os seus direitos de cidadão; o espaço da liberdade individual diante do poder público – todos estes conceitos se apresentam, embora em grau distinto, sempre que o Iluminismo trata da política. A partir deles é que os desdobramentos são elaborados.

Montesquieu, por exemplo, reformula a tipologia clássica das formas políticas, no sentido de condenar a tirania. Em vez de dividir tais formas em monarquia, aristocracia e democracia, conforme o número dos que participam do governo, ele propõe a divisão entre república, monarquia e despotismo. A monarquia não é a forma mais centralizada de poder, como na classificação anterior, distinguindo-se estrategicamente do despotismo: não necessariamente o rei é um tirano, se governa junto com parlamentos e com a nobreza. A essa distinção no *Espírito das Leis* segue-se, bem a propósito, um capítulo que analisa elogiosamente a Constituição da Inglaterra, onde os representantes eleitos pela sociedade têm uma participação essencial. Sugerem-se, com isso, também uma crítica e um caminho para os franceses.

Apesar de exaltar a república, por outro lado, Montesquieu a considera uma forma possível apenas na Antiguidade, quando o espaço da cidadania se circunscrevia à *polis* e era viável exigir do cidadão o sacrifício de sua individualidade. No mundo moderno, com territórios nacionais grandes e a inevitável busca pessoal pela satisfação de interesses particulares, seria irreal contar com o mesmo tipo de sacrifício. A monarquia parlamentar apareceria então como a forma mais adequada à modernidade, por conseguir conciliar o interesse particular com os da nação em geral: ao lutar por sua honra, o nobre engrandece ao país; e ao procurar o próprio enriquecimento, o burguês traz riqueza para a sociedade como um todo. Mas a monarquia pode cair no despotismo condenável, se prescindir do concurso efetivo do Parlamento, que deve ser assegurado pela divisão dos poderes legislativo e executivo. A famosa proposta de divisão de Montesquieu retoma claramente a de Locke, afastando-se dela apenas ao definir o terceiro poder como judiciário, enquanto o inglês o havia chamado de federativo.

A recusa da república por sua inviabilidade atual e a consequente recomendação da monarquia, desde que constitucional e parlamentar, são atitudes compartilhadas pela maioria dos filósofos das "luzes", entre os quais Voltaire, cujas ideias sobre o despotismo apresentam uma ambivalência importante, como veremos no próximo capítulo.

39

De qualquer modo, a tirania em geral é criticada por invadir as liberdades e os "direitos naturais" dos indivíduos. Mas ela só existiria na monarquia absoluta, que procura se desvincular do compromisso para com essas liberdades e legitimar-se como algo transcendente, de origem divina. Daí Montesquieu ter assinalado, já no começo do *Espírito das Leis*, a distinção total entre a política e a teologia, tendo cada uma suas leis e âmbitos próprios. Não por acaso, aliás, o princípio do "direito divino" dos reis havia sido desenvolvido e exposto no contexto das guerras civis, que foram simultaneamente religiosas. Presos ainda à forma feudal da obediência como lealdade baseada na convicção, os defensores do absolutismo só podiam reclamar dos súditos uma adesão política fundada na religiosidade, alegando a origem divina das prerrogativas do monarca. Substituir Deus pelo contrato como fonte da autoridade do soberano significava, para o Iluminismo, obrigá-lo para com os súditos e não para com sua própria consciência.

O dogma religioso

Por outro lado, se o poder não devia ser baseado em dogmas, também a estes não podia ser concedida força política. O alicerce do dogmatismo é visto como a autoridade temporal das instituições religiosas, que impedem violentamente a inspeção livre das verdades sobre as quais se estabelecem. A crítica da monarquia absoluta tem de ser concomitante à da religião. Aqui se abre o segundo plano da discussão que caracteriza as "luzes".

O elo entre as duas esferas, entretanto, demarca os limites da crítica à religião. Ou seja, o Iluminismo jamais se proclamará ateu, pois para ele a fé pertence à consciência individual, e o objeto da sua censura é antes a força institucional da religião e o dogmatismo daí decorrente. Seguindo mais uma vez o caminho trilhado por Locke, trata-se de defender a tolerância religiosa, oposta ao dogmatismo, no qual uma crença pretende excluir as demais a partir de seu poder terreno.

Na França, com sua história de conflitos religiosos e sectarismo da maioria católica, seria preciso primeiro combater a Igreja – "esmagar a infame", como dizia o lema de Voltaire. Mas a tolerância implicava, em seguida, aceitar as verdades dos outros como igualmente legítimas, como formas diferentes de reverenciar o mesmo Deus, abstraindo dos elementos doutrinários e rituais que formam as diferenças. Surge daí o conceito de um Deus universalmente reconhecido, despido das formas específicas que cada religião dá a ele em seu culto e que levam à discórdia e à guerra. Essa divindade acessível à razão que todo ser humano possui é a base de uma nova atitude, típica do Iluminismo e conhecida como "deísmo", que admite a existência de uma força superior, com leis estabelecendo uma ética ampla e genérica, em torno do mandamento de "não faz para o outro o que não queres que seja feito a ti mesmo".

Tais princípios estariam presentes em todas as religiões, mas misturados com outros elementos que deveriam ser deixados de lado no caso de se pretender a união da humanidade. Concebe-se assim uma "religião natural", correlata ao "estado natural" da filosofia política, como uma esfera primeira das representações sobre o mundo, sobre a qual os usos e costumes teriam construído depois diferentes doutrinas e ritos, quase sempre em descompasso com aquela simplicidade essencial. Para o Iluminismo, a verdade que existe em qualquer religião é o reconhecimento de um ser superior e de suas leis. Este núcleo verdadeiro deveria ser conservado pela filosofia, e tudo o mais, rejeitado.

O dogma da razão

Mas a razão, que deste modo condena as religiões estabelecidas e funda o deísmo, não pode substituir a religião, aparecendo como um novo dogma. O século XVIII é bem consciente desse perigo e da consequente necessidade de autocrítica. A terceira dimensão que caracteriza seu pensamento, portanto, embora não tão diretamente ligada ao Absolutismo monárquico, é a recusa aos excessos da própria razão. Compreender esse aspecto é muito importante, pois com demasiada frequência se define o Iluminismo pelo projeto de tudo conseguir explicar e abarcar com o entendimento, num otimismo quase ingênuo sobre a capacidade do intelecto e da ciência. Alguns autores da época, com efeito, podem ter se deixado levar por tal otimismo, mas eles representam apenas uma vertente, e não a mais importante e interessante. Os maiores filósofos, ao contrário, opunham-se ao "racionalismo", que eles consideravam como um dogmatismo da razão, tão criticável quanto o da religião e da política.

Para compreender essa questão é preciso mais uma vez recuar a Locke. Simultaneamente à sua obra política, ele publicou o *Ensaio sobre o Entendimento Humano*, no qual fez sérias objeções às concepções do conhecimento formuladas no século XVII. Foram os filósofos desse século que atribuíram à razão o papel especial que hoje pensamos ter ela tido em todo o Iluminismo. Como no caso emblemático de René Descartes, havia-se buscado um método racional que instituísse as ciências da natureza, conferindo a todos os conhecimentos da física a mesma certeza atribuída até então só aos da astronomia. Suspeitando da confiabilidade dos dados fornecidos pelos cinco sentidos, os chamados dados "empíricos", Descartes preferiu fundar a ciência no sistema da Matemática, onde as proposições são deduzidas em cadeia a partir de princípios elementares, num processo logicamente necessário. É essa força lógica da Matemática que transmitiria certeza às deduções feitas nas ciências. Com seu método, portanto, Descartes inaugura o programa científico moderno, baseado na quantificação e na medida que permitem explicações e previsões necessárias.

No entanto, a Matemática era definida como uma disciplina puramente teórica, desenvolvida pelo raciocínio do sujeito do conhecimento. Para resguardar sua primazia metodológica, isto é, que seus princípios não derivam de nenhuma outra fonte, Descartes teve então de afirmar que os princípios da Matemática existem desde sempre na mente, como "ideias inatas". De certo modo, ele foi seguido neste caminho pelos outros grandes filósofos do século XVII, como Pascal, Galileu, Spinoza, Leibniz, e o próprio Hobbes, que procurou para a política o mesmo rigor de uma dedução da Geometria.

Locke afirmou, porém, que todas as ideias produzidas por nosso intelecto são geradas a partir dos dados dos cinco sentidos, não havendo ideias inatas. O ser humano seria uma "tábua rasa" ao nascer, adquirindo todo o saber por meio da experiência empírica acumulada durante a vida. A própria Matemática seria resultado desse processo de abstração cada vez mais complexo, que vai das informações sensíveis até as operações mentais mais sofisticadas. Dessa maneira, Locke propõe uma nova combinação entre a observação empírica e o método matemático, na qual este deve vir apenas depois, elaborando os dados da observação, e não se antecipando a ela.

Essa teoria passou a ser conhecida como "empirismo", por conceber a primazia da experiência sobre as operações lógicas, e fundou uma nova definição do conhecimento científico, ainda mais quando foi respaldada pela monumental realização de um contemporâneo e amigo pessoal de Locke, Isaac Newton (1642-1727). Levando adiante tudo o que seus predecessores imediatos haviam descoberto na Física, Newton conseguiu, por meio dos novos procedimentos científicos relacionados ao empirismo, unificar o campo do saber numa "filosofia natural" revolucionária, adotada entusiasticamente pelo Iluminismo.

É a ordem newtoniana do universo, movendo-se com regularidade mecânica, que constitui a visão da natureza una e abrangente contraposta pelo século XVIII às imagens religiosas tradicionais. É a ciência newtoniana, partindo dos dados observados para conciliá-los com as deduções da Matemática, que servirá de modelo para o conceito iluminista de "razão". Este pouco tem a ver com o cartesiano, portanto, pois define a razão como uma força intelectual desenvolvida pela experiência, operando sobre as informações sensíveis, construindo um conhecimento que não está dado desde o início, que vai se acumulando, mas pode sempre errar e ter de ser revisto.

Isaac Newton, autor de uma "filosofia natural", adotada pelos iluministas.

A oposição ao racionalismo, desta forma, é também fundamental para caracterizar o projeto crítico das "luzes". Diante de Newton, Descartes parecia um simples precursor, iludido no seu percurso. Pelo menos ele é assim representado no famoso *Discurso Preliminar* escrito por D'Alembert (1717-1783) para a *Enciclopédia*: um grande geômetra, equivocado como filósofo. E também o é nas já mencionadas *Cartas Filosóficas* de Voltaire, que afirmam não ser possível "comparar sua filosofia à de Newton: a primeira é um ensaio, a segunda uma obra-prima"; isso depois de ter dito que Descartes "descobriu os erros da Antiguidade, a fim de substituí-los pelos seus próprios".

A partir daí, entende-se bem a ironia com que Voltaire trata o otimismo intelectual de alguns pensadores do seu tempo, como na inesquecível personagem de Pangloss na novela *Cândido*, de 1759, que faz rir até hoje da ideia de vivermos "no melhor dos mundos possíveis". Mas em várias outras obras da sua rica imaginação literária também se encontram tipos e situações semelhantes. E mesmo nas discussões filosóficas somos surpreendidos por um fino ceticismo a respeito das potencialidades do entendimento humano. Mais do que profetas de uma nova verdade, Locke e Newton eram para ele – que ostentava o busto de ambos no umbral do portão de sua residência em Ferney – destruidores dos antigos dogmas da razão.

Ao configurar o saber como processo que ensaia e tateia para acertar, que não conhece de antemão seus resultados, o Iluminismo realmente aponta para seus próprios limites. Por isso, o ceticismo radical e corrosivo do escocês David Hume (1711-1776) também fará parte desse movimento, tendo só levado aquela tendência, já pré-figurada em Voltaire e outros autores, às suas últimas consequências.

Por outro lado, contudo, o empirismo rendia seus frutos e a ciência nele baseada avançava cautelosa mas intensamente. A "filosofia natural" newtoniana provava ser extremamente pródiga, com os desdobramentos da mecânica para novos objetos, como a ótica, a acústica e a eletricidade. Esclarecendo inclusive suas fronteiras, as "luzes" podiam empurrá-las mais para a frente de modo a constituir um volumoso corpo de conhecimentos, que logo se esparramou pela sociedade da época em livros e debates. Mediante essa ambivalência, essa tensão entre a vertente das realizações positivas e a do ceticismo, sempre antagônicas e complementares, o Iluminismo é impulsionado para uma história complexa de avanços, desvios e encruzilhadas.

De fato, logo depois das obras pioneiras de Voltaire e Montesquieu multiplicaram-se rapidamente, os filósofos e as filosofias, invadindo a França e a Europa com suas ideias e consolidando a importância do movimento iluminista. Em curto espaço de tempo, os principais autores produziram e divulgaram obras de profundo impacto sobre o modo tradicional de pensar, cuja discussão levaria a novos e surpreendentes resultados.

Críticos, céticos e românticos

Tendo se formado num contexto eminentemente prático, nos debates dentro da Revolução Inglesa, o Iluminismo jamais abandonaria o projeto de intervenção social que constituía sua marca de nascença. É sintomático ter alcançado o auge com a organização da *Enciclopédia*, que fez colaborarem os principais filósofos daquele tempo, reunidos pela ambição de difundir as "luzes". Novos temas foram postos em discussão, com o objetivo claro de modificar a sociedade a partir de uma profunda mudança dos usos e costumes, que ia desde a moralidade privada aos grandes temas políticos. O choque das ideias assim explicitadas, por sua vez, conduziu a desdobramentos inusitados, que exploravam todas as vertentes possíveis do pensamento da época, descobrindo novos conhecimentos, mas também elaborando um refinado ceticismo; enfatizando o papel da razão, para daí chegar à mais viva sensibilidade romântica. O resultado de tudo isso foi o desenvolvimento de uma instituição fundamental da modernidade, a "opinião pública", cuja importância crescente revelou-se decisiva para determinar uma nova revolução política e social.

OS FUNDAMENTOS do Iluminismo

Foi enorme a repercussão das obras de Locke e de Newton sobre toda uma geração de jovens pensadores franceses, depois que Voltaire as divulgou através do seu comentário *Elementos da Filosofia de Newton*, em 1738. As ideias inglesas eram extremamente oportunas em um contexto no qual estudos minuciosos da natureza, realizados com crescente intensidade desde o fim do século anterior, combinavam-se ao deísmo, exposto em vários livros de considerável sucesso entre as décadas de 1710 e 1730, para realizar uma crítica à visão religiosa do mundo. Tratava-se agora de fundar as concepções da natureza sobre a base filosófica e metodológica do empirismo, desenvolvendo a mecânica experimental que o caracterizava.

Em rápida sucessão, foram surgindo os livros que inauguram as "luzes" com grande impacto sobre o mundo letrado da França. No ano de 1745, Julien la Mettrie (1709-1751) publica *Uma História Natural da Alma*, seguida em 1746 pelos *Pensamentos Filosóficos* de Denis Diderot (1713-1784) e pelo *Ensaio sobre a Origem dos Conhecimentos Humanos* de Etiènne de Condillac (1715-1780).

Nessas obras, o empirismo de Locke implica a crítica ao dualismo cristão entre corpo e alma, dualismo conservado ainda na filosofia cartesiana. Para os jovens autores, são as impressões dos cinco sentidos do homem que constituem as ideias, a mente e tudo o que se costuma chamar de alma. Esta seria produto das percepções do corpo, deste modo, não existindo num plano distinto dele e nem, muito menos, sendo criação divina. Tal perspectiva foi depois desenvolvida por La Mettrie em seu importante livro *O Homem Máquina*, de 1747; por Diderot na *Carta sobre os Cegos*, de 1749; e por Condillac no fundamental *Tratado das Sensações*, de 1754, que vai além do próprio Locke, ao radicalizar seu empirismo no sentido de demonstrar o caráter material do pensamento. Aparecem em seguida filósofos como Claude Helvétius (1715-1771), autor de *Sobre o Espírito*, e Holbach (1723-1789), que escreveu, entre outros, o *Sistema da Natureza*.

Em todas essas obras, a natureza é vista como um sistema uno, inter-relacionado pela ação e reação de suas partes componentes em um mecanismo que tudo determina, sem lugar para os acasos, mas tampouco para a intervenção de causas finais. O movimento dos corpos e mesmo a geração dos seres vivos ocorrem através de leis atuando em cada momento, necessariamente, sem que uma finalidade maior as determine, porém, de forma providencial. Neste ponto, tais autores divergem um pouco de outros que também tiveram grande importância na época, como Pierre Maupertuis (1698-1759) e principalmente Buffon (1707-1788), cuja monumental *História Natural* tem os três primeiros volumes publicados justamente em 1749.

Apesar de diferenças sutis, no entanto, todos eles compartilham de uma visão imanente da natureza, que se determinaria e formaria por si própria, e do método científico, baseado na observação e na experiência dos fatos. É a realidade que deve informar o conhecimento e não ideias, concebidas antes e independentemente de sua verificação empírica, conforme ocorria nas filosofias do século XVII, com a de Descartes à frente. A conjugação de uma tal concepção da natureza e do empirismo radical configura uma filosofia que se costuma denominar *materialista* justamente pela importância atribuída ao corpo e à matéria como fundamentos do saber e da própria realidade. Ela marcou profundamente o Iluminismo, determinando muito dos rumos tomados pela ciência a partir de então.

UM PROJETO enciclopédico

O choque provocado por essas novas concepções foi ainda mais forte quando sua difusão encontrou na *Enciclopédia* um veículo adequado. Em 1746, alguns editores franceses propuseram a Diderot e a D'Alembert que traduzissem do inglês a *Cyclopedia* de Chamber, publicada em 1728. Compreendendo a oportunidade única que lhes era oferecida naquele momento de embate de ideias, os dois filósofos sugerem organizar um texto completamente novo, e chamam os grandes pensadores iluministas para colaborar com o empreendimento. A partir de 1751 começa a aparecer a *Enciclopédia*, que alcançou 36 volumes, dos quais oito de ilustrações, num total de 71.818 verbetes, até o ano de sua conclusão, em 1772.

Diderot e D'Alambert, idealizadores da *Enciclopédia*, obra de mais de setenta mil verbetes.

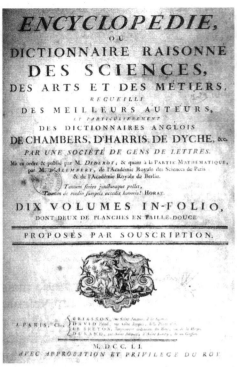
Prospecto da primeira edição da *Enciclopédia*.

Neste trabalho imenso, não só a nova concepção da natureza como a da sociedade começa a ser difundida. Profundamente críticos da religião – alguns deístas, outros simplesmente ateus –, seus autores minavam as bases da fé pela simples exposição de alternativas plausíveis à história da criação ensinada pela *Bíblia*. Na medida em que a autoridade da Igreja era essencial na estrutura absolutista do poder, a irreligiosidade levava à contestação latente do Estado e da ordem feudal, ambos baseados no respeito ao privilégio e à hierarquia "natural". Para a *Enciclopédia*, ao contrário, "natural" é o estado em que todos os homens vivem em igualdade de condições, em que todos têm direitos básicos comuns, e não o "estado civil" que institui as diferenças sociais. Aqui a filosofia política de Locke desempenhava papel fundamental, levantando suspeitas sobre a legitimidade das prerrogativas aristocráticas.

Mas além dessa função de crítica direta, a obra buscava ensinar uma gama de temas em História, Filosofia, Direito, Economia, Geografia, Artes e Ofícios, constituindo um vasto levantamento do saber até então acumulado. É exatamente isso que indica seu nome, por sinal, onde o termo "ciclo" remete para a pretensão de totalidade dos conhecimentos organizados sistematicamente; por outro lado, a raiz "pédia" vem do grego "*paideia*", educação, revelando a intenção de instruir. Para isso, era estratégico dispor os assuntos em ordem alfabética, conforme indicava o subtítulo

Dicionário raciocinado das ciências, já que não se exigia do leitor nenhuma formação especializada prévia. Todos que soubessem ler poderiam nela encontrar o verbete procurado, poderiam consultá-la e aprender.

Esse duplo papel define bem o projeto da *Enciclopédia*, na qual o conhecimento possui um caráter crítico e emancipatório que acompanha necessariamente o informativo. Ela sintetiza bem o programa do próprio Iluminismo, de modo a ser apresentado como um verdadeiro manifesto filosófico.

Da *Enciclopédia* participaram, por isso, os principais pensadores comprometidos com as novas ideias, como Condillac, Helvétius, Holbach, Diderot, Rousseau e outros. Todos eles, até então combatendo isolados contra a censura e a tradição, perceberam na grande obra conjunta a possibilidade de unir forças numa comunidade de objetivos que se colocava acima das eventuais diferenças internas de opinião. Ao permitir tais diferenças, inclusive, a *Enciclopédia* se apresentava como exemplo do que propunha – um espaço de produção de saber, através do debate e da crítica. Assim, até Voltaire, apesar de um tanto cético sobre o otimismo de tudo poder conhecer, e Montesquieu, mais velho e já consagrado, decidiram cooperar com os enciclopedistas. Como os demais, ambos certamente levaram em conta a importância da obra na luta para modificar a mentalidade esclerosada que dominava a França e boa parte da Europa.

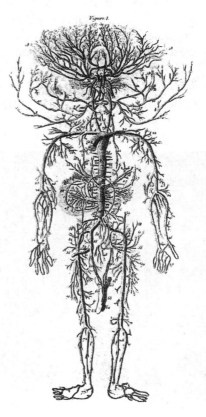

Ilustração do verbete sobre anatomia da *Enciclopédia*.

Sem meias palavras, isso é dito na famosa recomendação dada por Diderot a seus colaboradores: "é preciso examinar tudo, remexer tudo sem exceção e sem escrúpulos", para "mudar a maneira geral de pensar". Ideia, aliás, que ele já havia expressado nos seus referidos *Pensamentos Filosóficos*, com uma admoestação: "apressemo-nos a tornar a filosofia popular. Se quisermos que os filósofos caminhem para a frente, aproximemos o povo do ponto onde se encontram os filósofos". Ou seja, não é só o "povo" que precisa da filosofia; também esta necessita ser "popular" se quiser progredir na dupla acepção, certamente relacionada, da política e dos conhecimentos que investiga. A *Enciclopédia* não é vista pelos seus autores, portanto, como simples compilação de informações, e sim como um poderoso meio de intervenção social.

E esse objetivo pedagógico-político foi atingido, a julgar pelo grande êxito do empreendimento. Os editores haviam planejado inicialmente uma tiragem total de 1625 cópias, mas a demanda cresceu tão rapidamente que já em 1754 eles a ampliaram para 4255. E embora a edição fosse muito cara, logo havia volumes da *Enciclopédia* nas bibliotecas de quase todas as pessoas cultas, isto é, da aristocracia e da alta burguesia, bem como dos membros do clero, incluindo os padres de província. É interessante, neste ponto, verificar a penetração da obra também entre os que poderiam ser considerados atingidos por ela, o que demonstra a complexidade da sociedade francesa e o grau em que a atitude crítica já estava nela penetrando.

Sala de impressão, conforme ilustração da *Enciclopédia*.

O sucesso da obra máxima das "luzes" não foi, contudo, um fato isolado. Muitos dos livros mais significativos do Iluminismo haviam tido notável difusão para os padrões da época. O *Espírito das Leis*, de Montesquieu, por exemplo, teve 22 reedições em apenas dois anos, entre sua publicação e 1750. O que é ainda mais notável, pelo fato de este livro tratar de um tema árduo de filosofia social e política, desmentindo a tese de alguns historiadores de que os grandes textos de política tiveram público reduzido antes da Revolução de 1789. E, de qualquer maneira, o poder era discutido pelos autores iluministas geralmente em forma literária, com uma crítica mordaz mal se escondendo sob o disfarce da ficção. Mestre nesta arte foi especialmente Voltaire, em contos de ironia profunda, mas clara.

A palavra escrita populariza-se: livros, jornais e panfletos.

É inegável que os primeiros leitores dessas obras fossem cultos e, portanto, membros das classes mais elevadas da sociedade francesa. Como elas se tornassem objeto de viva discussão, porém, logo eram lidas também por um público maior, ainda mais em um momento em que progredia evidentemente a alfabetização, conforme testemunho de tantos viajantes estrangeiros que passavam pela França. E até as pessoas que pouco ou nada conseguiam ler tinham acesso às polêmicas por meio dos mecanismos de transmissão oral, muito poderosa em sociedades pouco alfabetizadas. Além disso, se os livros eram caros, existiam também os jornais e panfletos, de larga difusão; e a partir deles debatia-se não só nos salões dos palacetes aristocráticos como nos cafés, muito populares.

O Iluminismo penetrava também nos clubes, academias de artistas e escritores, e nas não menos importantes sociedades secretas, das quais a Maçonaria era só o caso mais notável. Numa época de violenta censura às expressões de descontentamento político e, em geral, às ideias consideradas perigosas para a religião e o poder, o espaço dos grupos secretos era estratégico. A própria *Enciclopédia* sofreu pesado controle oficial, sendo sua publicação suspensa algumas vezes, como em 1753 e 1757, e só continuando por pressão de leitores ilustres e dos editores, para quem significava grandes lucros. A censura, aliás, é um excelente índice negativo da grande difusão do Iluminismo, pois este só preocuparia se ameaçasse, o que fazia realmente.

Não se proibiam somente os livros e panfletos com críticas diretamente políticas. Como nos verbetes da *Enciclopédia*, os ataques mais penetrantes vinham de modo indireto, às bases sociais do poder na religião e na hierarquia feudal predominante. Defender os "direitos naturais" ou uma visão materialista da gênese do mundo era igualmente muito sério. E ridicularizar as tradições, mostrando sua estupidez e irracionalidade, podia ser ainda pior. Daí que toda uma literatura sobre os usos e costumes, com sua terrível condenação à moralidade comum, tenha se desenvolvido largamente durante o século. Ela constituiu um flanco indireto, mas decisivo no ataque ao "antigo regime".

A MORAL e a história

Desde muito tempo, os relatos de viajantes que vinham de terras longínquas contando experiências exóticas eram extremamente apreciados, tanto nos salões elegantes como nos cafés e tavernas populares. A abertura de um mercado mundial pela Europa permitia o contato com nações de costumes bem distintos, e como esta possibilidade ainda era restrita a poucas pessoas, suas narrativas maravilhavam os ouvintes. A partir daí surgiu uma extensa literatura de viagem, de ampla difusão e aceitação, ainda mais no século XVIII, impregnado pelo princípio da tolerância que resultara das guerras religiosas de passado ainda recente.

Nem a *Enciclopédia* escaparia dessa mania literária, dedicando vários verbetes a observações retiradas de tais relatos. É que, através deles, crenças consagradas, hábitos arraigados, formas tradicionais de pensar e agir perdiam a exclusividade, aparecendo como outras tantas possíveis no vasto mundo. Neste contexto, entende-se que tenham sido publicados, entre outros, livros como *A religião dos Maometanos*, em 1721, e *A vida de Maomé*, em 1730, nos quais a curiosidade despertada pelo Oriente se juntava ao objetivo de mostrar que aquela religião era tão digna e elevada espiritualmente quanto a dos cristãos.

Não demorou muito para que se seguissem às narrativas reais as fictícias, num gênero cujo grande êxito é atestado pelo renome que alcançou Jonathan Swift (1667-1745) com suas *Viagens de Gulliver*, de 1726. Logo Voltaire começaria também a escrever contos e novelas com personagens de países distantes no tempo e no espaço – babilônios, hindus, egípcios – ou que iam a lugares fabulosos, como o Eldorado. Sob a forma de ficção, despojada de compromissos com a verossimilhança, a literatura de viagem cumpria melhor ainda a finalidade de servir de contraponto à cultura europeia, instalando o leitor como seu observador externo e juiz.

Nesse sentido, um dos casos mais bem sucedidos é o das *Cartas Persas* escritas por Montesquieu em 1721. Nelas se inverte a perspectiva normal do relato de viajantes, pois não é um europeu no estrangeiro que descreve o exotismo dos outros, mas dois persas que percorriam a França e registravam a estranheza de tudo. O olhar ingênuo dos persas diante do que não compreendiam disfarça a grande ironia do autor, da qual não escapam a religião, a política, a vida cotidiana, os costumes amorosos, assim obrigando o público francês a rir de si mesmo em tudo o que considerava mais normal ou sagrado. Até da filosofia cartesiana, como não podia deixar de ser, zomba Montesquieu, fazendo seus personagens conhecerem um geômetra obcecado pelo método e pela precisão. A conclusão inevitável leva a enxergar o exotismo não só dos costumes alheios, como dos nossos próprios – leva a perceber a variabilidade, a relatividade dos costumes em geral.

Este é, em particular, um dos temas preferidos do Iluminismo, que por "costume" entende as práticas sociais que determinam as formas específicas assumidas pelas instituições e pela mentalidade de um povo. Assim, se há uma "religião natural" única, como afirma o deísmo, são os costumes que criam as cerimônias e doutrinas, diferenciando umas das outras as religiões existentes. Se há um modo "natural" para a procriação e o sexo, em cada povo ele assume formas diversas de matrimônio, diante das quais as outras podem parecer até imorais. E o mesmo valeria para as artes, para a política, para os direitos.

O próprio Montesquieu desenvolve mais tarde essa concepção, no *Espírito das Leis*, quando indaga a causa da variação das leis políticas entre as nações e a encontra na realidade social peculiar de cada uma delas. Dessa realidade fazem parte condições geográficas diferentes e outros fatores naturais, mas interiorizados no "espírito" da nação, onde se sintetizam e definem seus elementos distintivos. Cada povo tem seu "espírito" peculiar, os costumes que definem a forma específica que nele adquirem o direito, as crenças, a filosofia.

A variabilidade dos costumes se dá, porém, não só no espaço – entre os povos existentes – como também no tempo, sendo sua modificação a matéria de estudo da história. Em geral, os estudos históricos foram estimulados e desenvolvidos pelo saber iluminista, com seu apego à realidade empírica em detrimento dos grandes sistemas lógicos, valorizando as descrições e as classificações como fundamento do método de pesquisa.

Surgiram desse novo método, aliás, as "histórias naturais" como gênero de estudo da natureza, entre as quais destacam-se a obra já citada de Buffon e ainda a do sueco Lineu (1707-1778), *Sistema Natural*, de 1735, também muito influente. "Sistema" significa agora não uma teoria dedutiva, como para o racionalismo do século XVII, e sim uma monumental taxonomia das ordens dos seres vivos, dispostos de acordo com suas características visíveis. E "história" se refere, aqui, à descrição exaustiva dos objetos da natureza feita a partir dessa classificação.

Assim também devia ocorrer com o tratamento dos acontecimentos humanos. Já Montesquieu classifica as formas sociais e do Estado, como vimos no capítulo anterior, e procura aí a explicação para as diferenças observadas. E Voltaire o acompanha, exigindo que, como o "historiador natural", também o que se ocupa dos fatos humanos busque neles a lei necessária, oculta na sua diversidade casual e aparente.

Mais do que apenas seguir as pegadas da "história natural", porém, o conceito de "espírito" de um povo permite um novo tipo de reflexão histórica. Se ela começa em livros como as *Causas da Grandeza e Decadência dos Romanos*, publicado por Montesquieu em 1734, é com Voltaire, no entanto, que a nova reflexão amadurecerá. Em primeiro lugar, opera-se em sua obra um giro radical a partir do tratamento tradicional dos livros de história, até então preocupados essencialmente com as linhagens reais ou a narrativa das grandes batalhas e feitos dos monarcas. Voltaire também escreve uma *História de Carlos XII da Suécia*, a *História da Rússia sob Pedro o Grande* e ainda *O século de Luís XIV*. Mas nestas obras se ocupa cada vez menos dos acontecimentos e do elogio dos reis, para fazer uma análise de seus reinados, tendo como base os costumes do seu tempo e o dos povos que governaram.

Uma grande inovação já ocorre aqui, com a mudança radical do próprio tema da descrição histórica, que deixa de ser os grandes personagens e eventos, para abarcar povos inteiros, no cotidiano dos seus usos e costumes. Além de ter grandes repercussões políticas, como se pode imaginar, essa mudança concedeu ao objeto da história um conteúdo afeito à reflexão filosófica: ele não consiste em fatos isolados, únicos, irrepetíveis, mas em práticas sociais que congregam toda uma nação, ou várias durante uma época.

UMA FILOSOFIA da história

Foi possível, assim, formular uma "filosofia da história", título e assunto de um texto publicado por Voltaire em 1765 e abordado no seu fundamental *Ensaio sobre os costumes*. O novo conteúdo do objeto da história requeria também outra forma de estudo. Enquanto a historiografia podia contentar-se com o levantamento das fontes e a apresentação do material, uma "filosofia" da história deveria ir além, apreendendo o significado dos fatos, sua causa "natural", o princípio ordenador da sua imensa multiplicidade. Para além dos fatos, efêmeros em si mesmos, interessa a Voltaire entender o sentido da história de um povo e de uma época, dado justamente por seu "espírito". Fundamental é saber diferenciar o efêmero do permanente, o diverso do idêntico, o casual do necessário.

Em última análise, porém, esse elemento permanente extrapola até o nível dos costumes. Pois, se congregam e definem um povo, eles mesmos também variam historicamente, mediante a transformação do seu "espírito". É preciso buscar em outro registro, portanto, a regularidade de sua variação, o aspecto que permanece através de todas as suas modificações. Essa preocupação leva Voltaire a procurar as semelhanças ao longo da história, presentes em meio às mais distantes e distintas nações e épocas. E deste modo reaparece o pensamento jusnaturalista, para o qual existiriam leis e direitos antigos, eternos, derivados da "natureza" humana. O âmbito inteiro dos costumes deveria ser comparado a tais leis, permitindo avaliar o que eles têm de mais ou menos "natural", mais ou menos conforme às características comuns a todos os seres humanos, ao que lhes é "universal".

Entretanto, o método da filosofia da história tem para Voltaire também outra função muito importante. Trata-se de combater os preconceitos e as superstições, especialmente as que seriam propagadas pela Igreja. Ele adota a estratégia de mostrar que "aquilo que acreditamos ser antigo é moderno"; ou seja, ele quer destruir a venerabilidade de certas crenças religiosas, mostrando que elas não são antigas, não são eternas, não são divinas, mas ao contrário, invenções recentes do homem. Aqui a diferença entre o passado e o presente é o elemento essencial para a história cumprir um papel desmistificador.

Há, portanto, uma dupla forma de argumentação em Voltaire. Como vimos antes, quando ele busca o elemento permanente para além da diversidade nos costumes dos povos, ele aproxima as épocas, sendo essencial apontar não a diferença, mas sua identidade. Invertendo suas palavras, a estratégia neste caso seria mostrar que aquilo que acreditamos ser moderno é, de fato, antigo. Entretanto, para criticar a Igreja e "esmagar a infame" ele faz o contrário.

Atentemos, porém, para o objetivo dessa dupla estratégia. A contradição é só aparente quando ele enfatiza ora a semelhança ora a diferença entre o mundo antigo e o moderno. Ao negar que as tradições religiosas sejam antigas, revelando sua modernidade, Voltaire as coloca junto com as artes, as ciências etc., na esfera dos costumes variáveis de cada povo; não estão acima deles, não podem julgá-los. Apenas a religião "natural", associada aos "direitos naturais", é eterna e pode avaliá-los, classificando-os em mais "civilizados" ou mais "bárbaros". Assim, a intenção é recusar às religiões existentes o papel concedido à "natureza", a saber, o de julgar e hierarquizar os costumes. É esta última somente que estabelece um padrão propriamente moral.

Mas esta dupla estratégia imprime à filosofia de Voltaire uma oscilação desconcertante. Às vezes ele parece acreditar que a natureza humana é imutável, de modo que os acontecimentos históricos sejam secundários, incapazes de modificar a natureza mesma. Por outro lado, para ele, os costumes não se equivalem. Comparando-os ao padrão "natural", universal, Voltaire chega a constatar um progresso desde a Idade Média – com suas "crendices" artificiais, distantes da naturalidade desejável – até o mundo moderno, onde elas seriam cada vez mais combatidas e erradicadas em nome das "luzes". Em várias obras, Voltaire exibe um certo otimismo, ao verificar o lento fim de instituições como a Inquisição e os autos de fé.

Desta atitude é que se desenvolverá a filosofia da história de Condorcet (1743-1794), personagem importante que, em plena Revolução Francesa, publica o *Esboço de um Quadro Histórico dos Progressos do Espírito Humano*, totalmente convencido de que a história caminha de modo inevitável para o melhor também no campo ético e político.

Voltaire, porém, não ia tão longe em seu otimismo. A evolução dos costumes e das ideias seria possível e até comprovada pelos eventos recentes da história. Mas seria uma mera possibilidade, não algo absolutamente necessário. Estagnações e retrocessos ocorriam também frequentemente e podiam sempre ocorrer, destruindo parte do que a razão havia edificado a duras penas. Por isso ele parece ressaltar a permanência, como se nada tivesse se aperfeiçoado, como se a história deixasse incólume a natureza humana.

Em boa parte um cético, como vimos, ele encontra na história simples potencialidades, que não permitem certeza quanto ao rumo dos acontecimentos.

Decorre daí a conveniência de garantir a direção desejável ou de apressar o progresso lento e vacilante através do apoio a medidas políticas orientadas pelo Iluminismo. Voltaire é um dos principais filósofos, mas não o único, que mantém contato próximo com alguns importantes reis da Europa, como Frederico II da Prússia e Catarina da Rússia, chamados de "déspotas esclarecidos" justamente por planejarem o "progresso" das suas nações usando a força para vencer as resistências religiosas e feudais. O interessante é que Voltaire não endossa semelhante despotismo para a França, onde as "luzes" avançavam devagar, mas por conta própria. Apenas no caso das sociedades da Europa Central e Oriental é que ele pensava ser a autoridade absoluta dos reis um instrumento válido para tal fim, diante do enorme caminho que havia a percorrer. Assim como no projeto pedagógico da *Enciclopédia*, orientar filosoficamente esses monarcas constituiu uma forma de intervenção social do Iluminismo.

Só que sobre isso não havia consenso entre seus diversos representantes. É particularmente notável a posição de Montesquieu no *Espírito das Leis*, quando se refere à tentativa de Pedro I da Rússia, no início do século XVIII, de ocidentalizar seu país, causando fortes conflitos internos. Em vez de concordar com esse "esclarecimento" forçado, Montesquieu recomenda que "o príncipe deve reformar pela lei o que é estabelecido pela lei, e reformar pelo costume o que é pelo costume; é má política tentar mudar pela lei o que deve ser mudado pelo costume". Para ele, portanto, ao contrário de Voltaire, as duas esferas não devem ser confundidas, só sendo possível ultrapassar a "barbárie" dos costumes mediante a educação.

De qualquer maneira, independentemente da estratégia defendida, os iluministas lutavam por atuar historicamente, aperfeiçoando a sociedade pela adequação gradativa dos costumes aos padrões da moral da natureza. Essa concepção de progresso era baseada numa nova concepção do homem, cujo desenvolvimento levaria, entretanto, a resultados totalmente inesperados, torcendo os rumos do Iluminismo e redefinindo o próprio progresso.

A NOVA sensibilidade

Também sobre a literatura e o gosto artístico influíram poderosamente as transformações ocorridas no fim do século XVII. De um lado o liberalismo político, associado à tolerância para com os costumes e as religiões, e de outro a filosofia empirista, baseada em um experimentalismo perfeitamente adequado a tal tolerância, unem-se para estimular uma maior receptividade a padrões de beleza até então considerados exóticos. Junto com a curiosidade pelos relatos de viagem, cresce o interesse pela literatura dos demais países europeus, sendo cada um deles abarrotado de traduções das grandes obras produzidas além de suas fronteiras.

Dessa inevitável ampliação dos horizontes resulta uma modificação profunda nos critérios estéticos. A concepção clássica de que haveria um modelo imutável do belo, válido para todos os povos e todas as épocas, e cujas regras seriam demonstráveis racionalmente, como as da geometria, começa a ser posta em dúvida nas primeiras décadas do século XVIII. A beleza passa então a ser vista como algo que não é universal nem pode ser deduzido pela razão, fundando-se, antes, na apreciação subjetiva de cada um, no sentimento despertado pela experiência particular diante da obra de arte. Por seu turno, o artista gradativamente se vê mais impelido pela liberdade individual do que condicionado por regras de composição.

Assim, quando Diderot escreve o verbete "belo" para a *Enciclopédia*, já havia quase consenso em relação ao que ele afirma: a relatividade do gosto; o fato de a beleza ser algo subjetivo; o papel desempenhado pelo sentimento, no lugar da razão, em tudo o que se relaciona à arte. E esse desenvolvimento na estética é acompanhado por outro, mais propriamente filosófico, nas concepções do homem e do conhecimento.

Neste ponto, porém, é preciso corrigir outro grande engano a respeito do Iluminismo. Acredita-se geralmente que os filósofos do século XVIII recomendavam um salutar controle das paixões pela razão, com a consequente moderação do comportamento e uma polidez frívola no trato com as pessoas. Sem dúvida, o comedimento do entusiasmo e o prazer da representação na vida social são características marcantes da época. O que não implica, porém, ser a razão que exerça essa função.

Mais uma vez, é no racionalismo cartesiano que se situa a origem da ideia criticada. No tratado sobre *As paixões da alma*, Descartes lançava o mote para toda a filosofia de seus contemporâneos, ao estabelecer que a vontade por si só era fraca para disciplinar as paixões e que estas, se deixadas livres, podiam causar uma série de embaraços e prejuízos. Só a imagem de tais danos conseguiria criar uma vontade forte o suficiente para dominá-las. Ora, essa imagem seria formada pela razão, que a deduziria das paixões como efeito do qual elas seriam causa. Com isso, a razão é que produziria a vontade e seria capaz de moderar as paixões, convertendo-as em sentimentos comedidos postos a serviço do homem. A essa concepção da alma ligou-se, como é fácil perceber, a de que o bom gosto e a beleza resultam de um equilíbrio racionalmente obtido e demonstrado.

No século XVIII, porém, o racionalismo seria criticado também nessas suas consequências psicológicas. Ao derivar o raciocínio e todas as outras operações mentais das informações fornecidas pelos cinco sentidos, Condillac altera a ordem em que atuam as disposições da alma cartesiana. A razão não seria mais a criadora de imagens, mas, ao contrário, o seu resultado. É a vontade, a energia do querer, e não mais a razão, que define a atividade da mente, elaborando e manipulando as representações. Na mente situa-se simultaneamente a sede das representações e a do desejo, da vontade. Ou seja, esta última é primordial, e não produto de uma imagem formada pela razão, como acreditava Descartes. A vontade, portanto, é o elemento ativo que pode controlar as paixões, e não o raciocínio, agora rebaixado à condição de simples instrumento do desejo, limitando-se a escolher os meios adequados para realizá-lo.

E, com isso, Condillac apenas conferia uma formulação rigorosa àquilo que, antes dele, outros filósofos já haviam afirmado a respeito da natureza humana. Voltaire, novamente, é pioneiro, tendo escrito no Capítulo 8 do seu *Tratado de Metafísica*, de 1738: "As grandes paixões [...] cujo abuso faz tanto mal à verdade, são a principal causa da ordem que vemos hoje sobre a terra". Depois dele, também os

Pensamentos Filosóficos de Diderot colocavam as paixões no alicerce das artes, dos costumes e da própria razão. E ainda em 1746, Vauvenargues (1715-1747) foi mais longe, na *Introdução ao Conhecimento do Espírito Humano*, causando impacto ao dizer que a essência da alma é constituída pelas paixões, e não pela razão, uma vez que é a vontade que move as representações e não o contrário.

Os sentimentos são construtivos, deste modo, e não prejudiciais. Somente quando entrassem em conflito uns com os outros – o "abuso" de que fala Voltaire no texto citado acima – é que a alma poderia ficar confusa e ser induzida a erro. Neste caso, porém, em vez de procurar enfraquecê-los pelo poder de algo externo a eles, a razão, bastava colocá-los em harmonia e todo o perigo seria evitado. O princípio do bom gosto recomendado pelos iluministas para o comportamento social decorria exatamente desta regra. As próprias paixões devem contrabalançar-se mutuamente, anulando possíveis excessos e arroubos entusiastas, de forma a produzir um equilíbrio, uma medida "natural", mil vezes preferível ao controle artificial da razão. No comedimento também deve haver espontaneidade, graça; trata-se muito mais de arte do que de racionalidade fria.

Assim o século XVIII define o "espírito de fineza", de "delicadeza", forma essencial da sociabilidade elegante e culta dos salões dos palacetes parisienses, onde conviviam aristocratas, filósofos e artistas: todos um pouco aristocratas, um pouco filósofos e um pouco artistas... É o sentimento refinado que distingue, que produz o homem "espirituoso", sendo o raciocínio seu mero auxiliar.

Quando Jean-Jacques Rousseau (1712-1778) se insurge contra esse "espírito de fineza", portanto, ele não redescobre e invoca o sentimento em geral contra a frivolidade da razão, pois isso já fora feito pelos iluministas. O que ele invoca é um tipo de sentimento esquecido, que desmontará todo o equilíbrio das paixões.

A ARTE e a vida

Ao vencer o concurso proposto pela Academia de Dijon em 1750, respondendo com uma negativa à questão "se o restabelecimento das ciências e das artes contribuiu para depurar os costumes",

Rousseau escandaliza a maior parte dos seus contemporâneos. A relação do progresso no saber e na arte com o aperfeiçoamento da moralidade era crucial para o otimismo da filosofia iluminista da história, em que os homens devem melhorar sob todos os aspectos. Rousseau admite que houve avanço no campo científico e técnico, que a arte está mais sofisticada, que a vida civilizada é mais suave. Mas nega que isso tenha feito os homens melhores do ponto de vista ético. Ao contrário, todo aquele indiscutível avanço teria tornado os costumes mais artificiais, introduzido a hipocrisia nas relações sociais, criado a necessidade de ocultar os verdadeiros sentimentos, enfraquecido a coragem de assumi-los em público, amolecido a fibra da virtude. A virtude, entendida não só no sentido moral cristão, mas também no dos antigos romanos: virilidade, valentia, sobriedade, modéstia.

Vítima da ultrassofisticação do século, da Paris elegante onde não conseguira adaptar-se como genebrino frugal, Rousseau volta a sua crítica contundente ao "espírito de fineza". Defende um retorno aos costumes antigos, no qual a força de vontade e de caráter se aliava à simplicidade, como nos bons tempos da Roma republicana, antes da decadência imperial provocada pelo excesso de poder e de luxo. Recomenda uma vida mais natural, mais pura, mais próxima de uma sociabilidade edificante e sincera. Chega a pregar que o indivíduo se isole, para livrar-se das falsas convenções sociais e se conhecer verdadeiramente, sozinho e em contato com a natureza. Daí sua máxima de que "o homem nasce bom e a sociedade o corrompe". Daí a ideia do "bom selvagem".

O sucesso e o prestígio que o prêmio da Academia trouxe a Rousseau obrigaram-no a prosseguir sua obra de modo coerente com esse começo, em que tanto da mentalidade da época era virada do avesso. Se a sociedade corrompe o indivíduo, como educá-lo dentro dos padrões de pureza reivindicados, sendo a educação um processo social? Esta era uma das primeiras grandes dificuldades a serem enfrentadas no desafio da coerência.

Rousseau leva alguns anos e responde a questão com um livro publicado em 1762 e chamado *Emílio*, nome de um menino fictício educado de modo "natural" pelo preceptor ideal. Expõe aí seus princípios pedagógicos de uma forma que exerceria enorme influência nos estudos posteriores sobre o tema. Trata-se para ele de preservar a índole boa da criança, sem deixar que degenere pela má influência da sociedade: instruí-la no campo, em contato com a natureza e aprendendo diretamente dos fatos e não dos livros, para formar suas próprias ideias antes de conhecer as dos outros; assim poderia julgá-las com independência a partir do que já saberia da realidade. Em geral, o objetivo da educação deveria ser justamente que o indivíduo adquirisse essa independência, que confiasse em si mesmo e desenvolvesse plenamente suas capacidades. O ideal seria educar para a liberdade.

Como sempre, a proposta de Rousseau repercutiu com força. Voltaire critica maldosamente suas concepções, dizendo que elas pregavam a volta à animalidade. Outros filósofos também foram hostis, o que levou ao rompimento de Rousseau, primeiro com a *Enciclopédia*, na qual colaborara, e depois com a filosofia em geral.

Por outro lado, deve-se atentar para o fato de a Academia de Dijon ter premiado concepções aparentemente tão distantes do Iluminismo. O problema é que o ideal da natureza como um estado de liberdade correspondia aos princípios liberais da doutrina de Locke, podendo ser visto como uma formulação mais explícita deles. E o elogio da virtude republicana dos antigos romanos, em que se fundiam a força moral e a sobriedade viril, estava de acordo com o que Montesquieu havia escrito sobre a república no *Espírito das Leis*, fazendo parte mesmo do culto político que o século XVIII devotava a Roma, de enorme significado na Revolução de 1789.

Por isso, mesmo criticado por seu radicalismo, Rousseau é muito lido, ainda mais quando encontrou a melhor maneira de difundir suas teorias. Um ano antes do *Emílio*, ele publica um romance sob a forma de cartas trocadas por seus personagens, muito ao gosto da época: *A Nova Heloísa*, parodiando o nome da amada do filósofo medieval Abelardo, famoso tanto por seu pensamento quanto por sua desventura sentimental. Rousseau conhece aqui um êxito retumbante, dos maiores no seu século. Através da história de dois apaixonados, Julie e Saint-Preux, são ensinados valores novos, como o apego à natureza e à vida simples, a sinceridade e a espontaneidade nos afetos, a relação entre o amor e o sacrifício. A paixão deve ser integralmente vivida, mesmo que pareça prejudicial, sem se buscar nenhum tipo de equilíbrio. A precedência do sentimento sobre a razão, defendida por Diderot e Condillac, é levada ao extremo no qual a própria ideia de uma harmonia desejável é descartada em favor da liberdade afetiva.

Estava preparado o caminho para o Romantismo que viria logo a seguir, irrompendo com o movimento "Tempestade e Ímpeto" de um grupo de jovens escritores alemães, entre os quais Johann Goethe (1749-1832) e Friedrich von Schiller (1759-1805). Seguindo a pista da *Nova Heloísa*, o primeiro comoveu a Europa com seu *Werther*, de 1774, onde um amor impossível se liga ao sacrifício e ao suicídio. A recepção do romance foi impressionante, chegando a provocar uma onda geral de suicídios por rapazes desejosos de viver a experiência do personagem. Sem dúvida o surgimento do movimento romântico havia sido preparado pelas condições muito específicas das "luzes" na Alemanha, em que uma reação ao francesismo vinha se gestando. Mas a influência de Rousseau na década anterior fora decisiva. Uma nova sensibilidade despontava, levando o Iluminismo para outras direções: o entusiasmo reabilitado por Rousseau e a liberdade como valor supremo da vida logo assumiriam um papel decisivo na intervenção social que a filosofia tanto procurava ter.

O DEBATE econômico

O culto à natureza, tão característico da sensibilidade formada no bojo do Iluminismo, imprimiu uma característica particular também a uma área do conhecimento e da atividade aparentemente distante da arte: a economia política. Na França, ela tomou justamente o nome de "fisiocracia" a partir da palavra grega *físis*, natureza, e desempenhou um papel significativo nas concepções políticas até a Revolução.

Como no Iluminismo em geral, aqui também muito se deve aos ingleses, tanto ao liberalismo mais antigo de Locke e de William Petty (1623-1687), quanto a autores mais recentes, como Hume. Embora já o tenhamos mencionado como cético radical, na época em que começa a ser escrita a *Enciclopédia*, Hume não era ainda famoso por sua filosofia da ciência, e sim por escritos como os *Ensaios Morais e Políticos*, de 1741, e pelos *Discursos Políticos*, de 1752, dos quais faziam parte alguns textos sobre economia. Essas obras eram conhecidas pelos filósofos franceses, pois Hume tinha com eles um bom contato, estabelecido ainda na juventude, quando estudou neste país, e mais tarde, quando viveu lá novamente entre 1763 e 1766.

Se desde o século XVII, como vimos, os liberais ingleses vinham defendendo que a intervenção do Estado no mercado interno era desnecessária e danosa, foi só com Hume que se desenvolveu a ideia de que também no plano internacional os mercados se autorregulam, sendo prejudicial um controle da balança de pagamentos e da taxa de câmbio. A explicação detalhada deste princípio de deixar flutuante o câmbio constituiu a glória, aliás, de um grande amigo e discípulo de Hume, Adam Smith (1723-1790), com sua *Riqueza das Nações*, de 1776. Antes disso, contudo, a ideia já exercia considerável influência teórica na França, estando por trás do lema fisiocrático já citado – "*laissez-faire, laissez-passer*",

Durante a primeira metade do século XVIII, a censura dificultava muito a discussão desses temas na França – o clube do "Entre-sol", que começara a debatê-los, chegou a ser dissolvido por causa disso pelo ministro de Luís XV, Fleury, em 1731. Mas a situação complicada da economia francesa relaxou as restrições e até estimulou a discussão, iniciada com os artigos publicados sobre agricultura na *Enciclopédia* pelo maior entendido do assunto na época: François Quesnay (1694-1774). Considerado o fundador da fisiocracia, ele lançou definitivamente suas ideias em 1758 por meio do *Tableau Économique* (aproximadamente traduzível por *Quadro Econômico*). Numa impressionante tentativa de apreender o funcionamento da economia como um todo, o *Tableau* esquematizava o fluxo de produtos entre as três grandes "classes" em que dividia a economia, mostrando como seria possível um equilíbrio que permitisse a constante reprodução do sistema.

O mais interessante aí, contudo, que distingue a abordagem francesa da de seus congêneres ingleses e italianos, é a importância concedida à agricultura. Ela é definida, com efeito, como a única atividade produtora de excedente, sendo o comércio e mesmo a manufatura reputadas como esferas em que apenas circula o valor, sem gerá-lo, no entanto. Essa ênfase na agricultura correspondia certamente à realidade da França, em que este setor da economia era preponderante na criação da riqueza nacional. E tinha a ver, mais ainda, com a visão da natureza como mãe pródiga e fonte de todo o bem-estar físico e espiritual, que ganhava enorme impulso com a obra de Rousseau.

Acima de tudo, porém, ela representou um projeto de reforma social para o país. Quesnay tinha em vista o modelo da Inglaterra, que despontava como potência europeia e mundial pela força de sua economia, alicerçada, para ele, numa agricultura de grandes propriedades altamente produtivas e livres para competir no mercado. Era preciso, portanto, modernizar essa atividade na França, ainda dominada por formas feudais antiquadas e de baixa produtividade. Ele propunha, então, liberar a comercialização dos produtos agrícolas e abolir alguns direitos feudais que impediriam a geração dos grandes excedentes de riqueza imprescindíveis para devolver à França o poderio que ela tivera no século anterior.

A essas reformas se ligavam outras, também fundamentais, nas finanças públicas, com a proposta de um imposto único sobre a agricultura e o enxugamento de gastos supérfluos. Finalmente, seria preciso eliminar as guildas e corporações de ofício, para também favorecer a liberdade de comércio dentro do território nacional.

A fisiocracia tocava, desta forma, nos principais problemas econômicos franceses, tendo por isso se convertido em assunto obrigatório nas rodas intelectuais da década de 1760 e 1770. Quesnay publica ainda o importante artigo *Do Comércio*, em 1766, e seus discípulos também o seguem no empreendimento de propagar e debater suas ideias: entre outros, Mirabeau (1715-1789), pai do futuro revolucionário, escreve a *Filosofia Rural*, em 1763; Le Trosne (1728-1780) lança a *Liberdade do Comércio de Cereais*, em 1765; e Mercier de la Rivière (1720-1793) escreve *A Ordem Natural*, em 1767.

Ficava clara, em todas essas obras e projetos, a necessidade da atuação firme da Coroa como única instância de poder capaz de submeter os interesses dos senhores feudais e conseguir levar a bom termo as reformas econômicas. Daí a atuação dos fisiocratas junto ao rei, numa espécie de despotismo esclarecido que, diferente do de Voltaire e de outros iluministas, pensava ser tal poder imprescindível também na França. Isso não implicava, contudo, um simples pacto com o absolutismo monárquico, pois o rei não agiria arbitrariamente, e sim como representante da nação em seus interesses maiores. Ele deveria apenas intervir para adequar as leis do país às da "natureza", claramente concebidas no sentido de Locke, como leis da liberdade econômica.

De modo complexo, portanto, a fisiocracia articulava um certo despotismo esclarecido ao jusnaturalismo, ainda mais porque não expressava os interesses de nenhum grupo forte de proprietários de terra desejosos de superar a ordem feudal. Era relativamente pequeno o número dos agricultores produzindo em moldes capitalistas, e restrito quase que ao norte do país. Assim, se o feudalismo tinha de ser suprimido, em nome do progresso da nação, só o poder central poderia fazê-lo. Entre o dever imperioso de reformar a economia e sua realização existia um abismo, sem que nenhum segmento da sociedade fosse capaz de tomar para si tal tarefa. Este foi o grande problema enfrentado pelo fisiocrata que primeiro alcançou uma posição em que podia cumprir o programa da escola: Anne Robert Turgot (1727-1781), ministro de Luís XVI entre 1774 e 1776.

As propostas de Turgot e seu fracasso serão examinados com algum detalhe no próximo capítulo. Por enquanto, importa enfatizar seu conteúdo jusnaturalista. O fim das corporações e a liberação do mercado visavam restituir à sociedade direitos eternos conspurcados por uma ordem artificial, baseada em relações assimétricas entre senhores e servos, que deviam ser substituídas por um contrato justo entre partes iguais. Com isso, ao invés de laços de dependência pessoal, seria a propriedade privada o fundamento da sociabilidade. De nenhum modo, portanto, essa mesma propriedade poderia ser atingida pelas reformas, já que ela é a sua meta. O projeto de Quesnay, realmente, pretendia reforçar a forma capitalista da agricultura, elevando sua produtividade, sem se importar em distribuir a propriedade das terras e criar uma camada de pequenos produtores. A fisiocracia se coloca, assim, numa tradição perfeitamente lockeana da doutrina dos direitos naturais, praticamente consensual no século XVIII.

ESCLARECENDO a opinião pública

Ao lado dessa vertente jusnaturalista subsistia, embora mais fraca, uma outra. Morelly, autor sobre cuja vida quase nada se sabe, mas conhecido pelo seu *Código da Natureza*, de 1755, preferia ser ligado à concepção antiga de que no "estado natural" a propriedade da terra era comunitária, como nos campos e pastagens que os camponeses ainda possuíam conjuntamente. Esta era também a posição de Gabriel de Mably (1707-1785), que discutiu com os fisiocratas em livros como *Dúvidas Propostas aos Filósofos Economistas sobre a Ordem Natural*, escrito no auge da popularidade daquela escola, em 1768. Mas, enquanto Morelly chegava a propor um comunismo agrário, Mably defendia reformas sociais para reduzir as desigualdades entre pobres e ricos, como a abolição do direito de herança.

Sem dúvida, porém, o autor que maior influência exerceu ao apresentar essa perspectiva distinta do "estado de natureza" foi, mais uma vez, Rousseau. Pouco depois de ter ganhado o concurso da Academia de Dijon, ele concorreu novamente, em 1754, respondendo à questão "qual é a origem da desigualdade entre os homens?", e se "ela é autorizada pela lei natural?". Desta vez não recebeu o prêmio, mas escreveu um ensaio de enorme repercussão e importância. Coerente com o anterior *Discurso*, no qual a sociedade aparecia como corruptora da bondade do homem primitivo, o segundo *Discurso* o descreve como um solitário livre, feliz e sadio. As paixões em "estado natural" não o prejudicariam, degenerando em vício apenas com sua entrada na vida social, quando a cada bom sentimento corresponde um mau, destrutivo para o indivíduo e para seus vizinhos. Mas o momento realmente corruptor é aquele em que surge a apropriação privada da terra e dos bens por um grupo de homens em detrimento dos outros. Aqui se forma realmente a desigualdade artificial entre eles. Até então, no "estado de natureza", a propriedade teria sido comunal, ao contrário do que diziam Locke e os fisiocratas, e a sua posterior forma privada seria fruto de convenções sociais totalmente arbitrárias. Estas, por sua vez, levariam ao estabelecimento dos governos, com a finalidade principal de garantir a propriedade dos ricos contra os pobres, num contrato social absolutamente espúrio que legitimaria o fim da liberdade "natural".

Depois de escrever um livro para explicar como foi perdida a liberdade, Rousseau tinha de escrever outro, para explicar como seria possível recuperá-la. E o fez, com o *Contrato Social*, em 1762, mesmo ano da publicação do *Emílio*. Sua concepção da sociedade como degeneradora do "bom selvagem", dessa maneira, obrigava-o a responder a novas questões, sobre política e educação. Em ambos os casos, a solução apresentada é a promoção da liberdade.

Mais próximo de Mably do que de Morelly, entretanto, Rousseau não acredita que retorno ao comunismo primitivo seja possível nem desejável, devido à precariedade do "estado de natureza". A liberdade que se pode alcançar em "estado civil" difere da "natural", que se perdeu definitivamente. Esse é o "contrato social" proposto por ele, em que o indivíduo abre mão dos seus "direitos naturais" para obter direitos políticos, mais estáveis e duradouros. O importante é que estes últimos não se fundam sobre a renúncia de toda e qualquer liberdade, como para Hobbes, mas, inversamente, asseguram uma liberdade mais ampla. Ela o será se a sociedade for estabelecida por um contrato legítimo, em que todos os membros sejam cidadãos iguais, de modo que, em vez de corromper o homem, ela permita o desenvolvimento pleno de suas potencialidades.

Primeira página da edição original do *Contrato Social*, de Rousseau.

Se a definição de liberdade em geral é a autonomia do indivíduo, a sociedade ideal será livre se nela os cidadãos obedecerem as leis feitas por eles mesmos. Rousseau cunha assim a definição de liberdade depois recolhida e preservada por todo o Romantismo: ser livre não é não ter leis, mas obedecer apenas às leis ditadas por si mesmo. Uma sociedade autônoma, portanto, será como um indivíduo, com uma "vontade geral" que a distingue das demais e lhe confere sua constituição política. Claramente, o poder "soberano" é o próprio povo consciente da sua "vontade geral" e agindo só de acordo com ela. Desta maneira, Rousseau resolve o problema da "soberania" e de seus limites determinados pelos direitos naturais: estes se mantêm, mas totalmente incorporados à "vontade geral", que está acima de todos e se autolimita.

Há uma nova concepção dos laços sociais aqui. As leis não coagem mais mecanicamente os indivíduos, como um poder externo a eles, vindo de um Estado no qual eles não se reconhecem, diante do qual eles se sentem alienados. Ao contrário, os cidadãos formam um corpo único, com uma unidade orgânica, em que todos são membros livres, fazendo as leis e se reconhecendo nelas. Por isso, a "vontade geral" não é a soma dos contratos entre indivíduos na sua vida particular, mas tem uma existência pública, como uma consciência do todo presente em cada cidadão. Ela devia ser cimentada, então, por uma espécie de "religião civil", em que a própria sociedade é adorada e cultuada pelos seus membros, estabelecendo sua lealdade pelo sentimento de a ela pertencerem. O cristianismo, apesar de bom em si mesmo, para Rousseau, não poderia criar essa unidade, por não estimular as virtudes verdadeiramente cívicas – coragem, virilidade, patriotismo.

Como pode se prever, toda esta doutrina exercerá um papel muito importante logo a seguir, na Revolução de 1789, quando fundamentou vários dos projetos de reforma política e social apresentados. Daí o enorme sucesso que ela teve nesta época, com as 32 edições francesas do *Contrato Social* entre os anos de 1789 e 1799. O interessante, porém, é que antes disso a obra teve um êxito discreto. Rousseau era muito mais conhecido pela nova sensibilidade que expunha, com a valorização da natureza e do afeto profundo.

Essa sensibilidade, entretanto, era intimamente relacionada às suas ideias políticas, constituindo uma preparação para sua posterior aceitação. A definição do "estado de natureza" como um momento de felicidade íntima se harmonizava com a imagem da propriedade comunal, para emprestar à crítica da situação existente uma força redobrada.

Quando este sentimento do mundo se desenvolve no Romantismo, com os livros do "Tempestade e Ímpeto" traduzidos para o francês, a literatura aparece como um campo fértil para o movimento da crítica à sociedade. Este é o contexto em que Schiller publica o romance *Os Ladrões*, em 1781, lançando a figura do bandido social, do herói desajustado por culpa das instituições injustas que ele procurava corrigir a seu modo. Também Beumarchais (1753-1799) tem enorme êxito levando à cena comédias como *O Barbeiro de Sevilha*, em 1775, e *As Bodas de Figaro*, em 1784, nas quais a nobreza é ridicularizada e os homens do povo são as personagens centrais.

De modo indireto, através da arte e da divulgação dos novos conhecimentos científicos; ou diretamente, com libelos e panfletos arrasadores, vai-se formando um clima de antagonismo em relação ao "antigo regime". Nos salões, clubes e cafés; em livros e nos jornais, que surgem justamente nesta época, aos poucos se forja um consenso sobre a necessidade de mudar algo na sociedade. Trata-se de um novo elemento a desempenhar papel cada vez mais importante na equação política: a opinião pública. Definida já no *Ensaio sobre o Entendimento Humano*, de Locke, e sendo depois de certa forma contemplada pelo conceito de "costume" de Montesquieu e Voltaire, ela adquire grande espessura política com a "vontade geral" de Rousseau. Não são apenas os indivíduos que têm opinião pessoal sobre a realidade. Na medida em que eles se comunicam, discutem, criticam mutuamente, constitui-se a opinião também na esfera pública.

É ela que altera as práticas e crenças sociais e, levando a sério *O Espírito das Leis*, é a ela que devem ser adequadas as leis de cada povo e até a sua constituição política. Se depois os revolucionários identificarão a opinião pública à "vontade geral" de Rousseau, instituindo sobre ela a "soberania popular", mesmo antes ela correspondia à sensibilidade crítica difundida por este autor. É como contraponto, deste modo, como tribunal de julgamento da sociedade do seu tempo que aparece historicamente essa nova instância, dinamizando as ideias, mobilizando as pessoas e catalisando as ações de todos os que se achavam com o direito e o dever de manifestar publicamente sua insatisfação. Começava aqui a Revolução Francesa.

A nova Revolução

Assim como o Iluminismo, a Revolução Francesa não é um movimento unívoco e linear, marchando de modo inevitável para um resultado final. Sintomaticamente, desde aquela época os historiadores divergem quanto às suas consequências e ao seu significado. Mas todas as interpretações encontram respaldo nos fatos, o que é prova da complexidade dos próprios fatos. Em outras palavras, as diferentes versões não inventam simplesmente os acontecimentos nem os processos reais que os alinhavam, mas se limitam a ressaltar unilateralmente alguns deles. Na realidade, porém, nenhum processo foi único, tendo se confrontado com outros, num embate cujo resultado era, a princípio, imprevisível. No momento mesmo da Revolução, todas as possibilidades estavam abertas e os diversos projetos dos diversos agentes lutavam para impor-se aos demais. E no calor dos acontecimentos, como depois, as interpretações não são inocentes; elas serviam e servem ainda para fundamentar alguma ação ou omissão política. É no contexto desta luta de ideias e práticas que o sentido de ambas vai-se configurando e reconfigurando, conforme o ritmo dos acontecimentos. Entretanto, a definição mesma de "revolução", que estava se desenhando continuamente, sofre uma alteração crucial, decisiva para a posteridade até hoje em dia. Esse percurso deve ser examinado, portanto, com o maior cuidado possível.

A CRISE social

A tensa relação entre Coroa e aristocracia, característica de toda a história do absolutismo francês, revestiu-se de formas específicas no século XVIII. Depois da morte de Luís XIV, em 1715, foi impossível para o novo rei continuar a política de distanciamento em face da nobreza, que voltou a ocupar os cargos importantes da administração pública e do exército, influindo poderosamente nos destinos do país. Isso não os satisfazia completamente, porém, já que esse poder dependia da participação nas instituições atreladas ao governo, e os nobres gostariam de constituir uma instância política autônoma e forte, como no parlamentarismo inglês. Era no sentido dessa reivindicação que eles liam e aprovavam as propostas de Montesquieu, membro, aliás, da aristocracia.

Além disso, se ainda mais do que antes o monarca representa a figura do "primeiro gentil-homem" do reino, por outro lado ele permanece com a prerrogativa única do enobrecimento. Ele mantém daí a prática de conceder títulos a burgueses ricos e aos funcionários da nobreza de toga, o que irritava os aristocratas antigos e os levava a tentar defender-se da excessiva ampliação do seu *status* especial. Essa ampliação era inevitável, no entanto, e a aristocracia se diversifica em grupos que se distinguem e, por outro lado, interpenetram. Embora em número bem inferior ao da Inglaterra, há na França nobres que se dedicam às atividades financeiras e ao grande comércio, misturando-se com a alta burguesia, principalmente durante as décadas de expansão econômica, entre 1730 e 1770.

Contudo, esse processo de diversificação é lento. Era pouco numeroso o grupo dos nobres "liberais" dedicados a atividades burguesas, e também o dos que aperfeiçoavam as técnicas agrícolas em seus domínios rurais. Os fisiocratas apontavam para um problema real e agudo quando recomendavam mudanças profundas e rápidas no campo como melhor meio de recuperar o tempo perdido. É verdade que elas vinham ocorrendo, como no caso da abolição da servidão nos domínios do rei, em 1779. Mas boa parte dos camponeses nas terras da nobreza seguia submetida aos direitos senhoriais, devendo pagar os pesados impostos que compunham as rendas da aristocracia.

A acumulação de capitais do período de crescimento econômico logo se chocou, por isso, com estruturas de produção agrícola e manufatureira que se modificavam, sim, mas muito devagar para sustentar o ritmo do crescimento. Este foi possível por um certo tempo, no quadro de tais estruturas, mas em seguida diminuiu e se deteve. É exatamente quando sobe ao trono Luís XVI, em 1774, que revela sensibilidade para o problema e procura solucioná-lo, chamando Turgot para o cargo de ministro da fazenda. Turgot começa decretando a abolição das corporações de ofício e a liberação do comércio de cereais, medidas que visavam, como vimos no capítulo anterior, justamente realizar o programa de reformas da fisiocracia, pela alteração da organização produtiva, que atrapalhava a continuidade da expansão dos negócios.

Mas assim eram contrariados os poderosos grupos privilegiados cujo interesse era manter, evidentemente, seus privilégios. Turgot teve de renunciar já em 1776, e no ano seguinte eram anuladas as medidas que decretara. Com isso, porém, mantinha-se também o descompasso entre os vários setores da economia, agravado na década de 1780: era a crise.

A agricultura de baixa produtividade e a manufatura, amarrada pelas restrições das guildas, não acompanhavam as exigências do mercado consumidor. Os preços mais altos não provocavam o aumento da produção, que era limitada pelos "regulamentos" lançados por Colbert em 1663. Os excedentes comerciais perdiam-se na crescente especulação financeira, enquanto os produtores excluídos do sistema de monopólio, esmagadora maioria, não podiam vender. Sua falência causou desemprego em massa e inverteu a tendência à expansão do consumo, que cai e forma um círculo vicioso, envolvendo no fim até os monopolistas.

Desta crise econômica decorre a das contas públicas. Alguns historiadores antigos acreditavam que a economia prosperava ainda com Luís XVI, mas que a ajuda prestada pela França aos colonos norte-americanos, em sua luta pela independência, resultou no aumento dos gastos do governo, que quis aumentar os impostos e acabou empobrecendo o país. Estudos mais recentes, porém, mostram que a economia já começava a entrar em crise antes da participação francesa na guerra americana. Assim, a diminuição dos lucros e da renda, com a crise, daqueles que pagavam impostos foi que secou a fonte das receitas públicas, criando o déficit crescente que colocou o Estado em xeque. Sem dúvida, os gastos com a guerra na América contribuíram muito para piorar o problema, mas sua origem é a insuficiência da receita com os impostos. Por isso, os sucessivos ministros que tentam resolver essa situação, na década de 1780, propõem ampliar o número das pessoas tributáveis, incluindo nele os nobres.

Só que uma das definições principais de nobreza era justamente o privilégio da isenção de impostos. Fazê-la contribuir significava torná-la igual às outras classes, o que quebrava a ordem de uma sociedade essencialmente hierárquica. Além disso, a crise econômica atingia também o campesinato, para quem ficou quase impossível pagar os tributos feudais, causando uma queda significativa na renda da aristocracia. Em tais circunstâncias, era impraticável e inaceitável para ela qualquer encargo com impostos. Ela não estava lutando apenas pela manutenção de seus privilégios tradicionais, mas por sua própria sobrevivência.

A Coroa, por seu turno, contornou enquanto pôde a questão tomando empréstimos bancários para fazer frente às suas despesas. Mas isso fez crescer enormemente a dívida pública, e logo metade dos seus gastos era destinada ao pagamento dos juros da dívida. Sendo impossível continuar nessa situação, Luís XVI é aconselhado por seus ministros a convocar uma Assembleia de Notáveis, congregando representantes da nobreza e do alto clero, para persuadi-los da necessidade de pagar também impostos. Reunida durante o ano de 1787, a Assembleia não apenas recusa essa imposição, como encontra um canal para expressar sua insatisfação para com a monarquia absolutista. Surge o impasse.

A SITUAÇÃO revolucionária

Todos os antagonismos sociais, que vinham se aguçando há anos com a crise econômica, parecem ficar concentrados em um momento. Calonne, o novo ministro da fazenda, procura pressionar os "notáveis" apelando para a opinião pública e apresentando a ela seu projeto fisiocrático de reformas econômicas, em que essencialmente se repetiam as medidas tentadas dez anos antes por Turgot. De outro lado, no entanto, também os aristocratas recorrem ao restante da sociedade, explicando sua atitude como defesa diante das intenções tirânicas de um rei absoluto. De fato, era uma tradição que remontava à Idade Média, reconhecida como "direito natural", o de não poder criar ou elevar impostos sem a prévia autorização e consentimento por parte dos que deveriam pagá-los. Quando o monarca se impõe e decreta as reformas, passando por cima da Assembleia dos Notáveis, ocorrem até agitações populares em Paris e nas províncias, favoráveis à causa da nobreza.

O parlamentarismo e a importância da participação da aristocracia na vida política do reino, defendidos por Montesquieu, servem aqui de instrumentos poderosos para configurar a reivindicação aristocrática como luta da nação inteira contra o despotismo. É toda a tradição jusnaturalista que entra em jogo nesse contexto, com seu forte apelo público.

Mas também é considerável o argumento dos ministros do governo. Em face de instituições liberais só na aparência, mas que realmente pleiteavam a conservação de privilégios insustentáveis de acordo com a igualdade "natural", além de prejudiciais ao desejável progresso do país, era preciso mesmo apoiar ações resolutas e duras do rei. Seu despotismo seria, neste caso, esclarecido.

Ambas as facções se enfrentavam, desta maneira, revestidas de razões buscadas no Iluminismo. A fisiocracia remontava, como sempre, à herança reformista das "luzes", que levara Voltaire, Diderot e outros filósofos a uma aproximação com os monarcas imbuídos do propósito de lutar contra instituições e grupos conservadores, que resistiam ao progresso. Se estes assim se apresentassem mais como obstáculos do que como meios para realizar o bem público, deviam ser combatidos. Entretanto, o liberalismo também era um aspecto fundamental do pensamento iluminista, que afirmava a necessidade da representação política dos vários segmentos da sociedade. Essa representação seria a melhor forma de impor freios à usurpação dos direitos "naturais" por leis arbitrariamente feitas só para garantir o poder de tiranos.

As duas vertentes distintas são colocadas em oposição, portanto, pelos interesses antagônicos que recorrem a elas no momento do conflito. O impasse a que este chegou em 1788 não deixou alternativa, senão a de apelar para a tradicional instância onde se reuniam os representantes das três ordens da sociedade do antigo regime: os Estados Gerais. Convocada pela última vez em 1614, essa instituição passava a abrigar agora as expectativas de toda a sociedade, que variavam de acordo com os interesses e projetos de cada grupo. A Coroa esperava dela apenas uma solução técnica para o problema fiscal, enquanto a nobreza queria um respaldo no seu embate contra o rei. Havia, porém, em relação à Assembleia dos Notáveis, uma diferença crucial: nos Estados Gerais tomava assento também o "terceiro estado", ou seja, a ordem dos que não eram nobres nem clérigos. Por qual lado se inclinaria essa ordem?

A questão era decisiva, ainda mais levando em conta um outro elemento, não posto imediatamente na mesa de negociações. Privada dos tributos feudais que o campesinato não conseguia mais pagar, a aristocracia rural aumentou suas demandas sobre ele, exigindo percentagens maiores do produto agrícola e chegando a inventar novos direitos senhoriais, para isso contratando advogados que iam buscar, nos velhos códigos, costumes medievais há muito em desuso. A elevação desmedida dessas demandas significou a miséria e o desespero no campo, levando a uma onda de revoltas por todo o país.

Quando da votação para os Estados Gerais, no começo de 1789, os representantes receberam também dos eleitores os chamados "cadernos de queixas", compostos por reclamações sobre o funcionamento da administração pública e de várias instituições sociais, bem como por reivindicações específicas que deveriam ser discutidas. Muitas delas se referiam à questão agrária e pediam o abrandamento dos tributos senhoriais e até sua total supressão. Em outras tantas, eram as guildas o objeto da reclamação, com o pedido de que também fossem abolidas. O interessante era a argumentação que acompanhava tais "queixas", nas quais eram desenvolvidas às vezes longamente proposições perpassadas pelas doutrinas iluministas, numa demonstração do quanto elas haviam penetrado na opinião pública. De qualquer modo, uma coisa começava a ficar clara: o terceiro estado tinha seus interesses e projetos próprios.

EMBATES ACALORADOS nos Estados Gerais

O conflito começou já na definição do peso de cada ordem nos Estados Gerais. A Assembleia dos Notáveis havia estabelecido que as

Os Estados Gerais, convocados em 1789: embates acalorados resultaram numa Assembleia Constituinte.

três teriam o mesmo número de deputados e que o voto seria por categoria, como ocorrera da última vez, em 1614. Deste modo, a nobreza e o clero unidos sempre derrotariam as reivindicações do terceiro estado.

Passados quase dois séculos, contudo, a sociedade francesa havia mudado muito. A importância da burguesia era agora incomparavelmente maior e ela não se sujeitava a ter a mesma representação que grupos tão minoritários quanto a aristocracia e o clero. Surgem protestos e panfletos por todo o país, entre os quais o de Emmanuel Sieyès (1748-1836), *O que é o Terceiro Estado*, publicado em janeiro de 1789 com enorme repercussão: afirmando que essa ordem abrangia 96% da nação, Sieyès pleiteia que ela tivesse uma quantidade proporcional de representantes. Luís XVI resolve conciliar as posições e concorda em dobrar o número de deputados do terceiro estado: seriam cerca de 600, para 300 de cada uma das outras duas.

Com isso, porém, aparece um novo problema: de nada adiantava ter mais representantes se o voto fosse por categoria. Assim, quando se instalam os Estados Gerais, em 5 de maio de 1789, o terceiro estado propõe o voto por cabeça, e ainda mais, que as três ordens trabalhem conjuntamente, numa plenária. É claro que isso não foi aceito nem pelo rei. Entretanto, as duas ordens privilegiadas não eram homogêneas. Especialmente entre os representantes da Igreja havia muitos deputados oriundos do baixo clero que se identificavam com o povo e estavam dispostos a reunir-se aos demais. Mesmo alguns membros do alto clero pensavam deste modo, e a eles se juntava uma pequena parte da nobreza, considerada "liberal".

Depois de algumas semanas de embates acalorados inteiramente dedicados a essa questão, vence a maioria, e a partir de 24 de junho as três ordens se unem numa só assembleia, que logo depois se declara "constituinte". Tratava-se realmente de discutir profundamente a estrutura social e política da França, dotando-a de uma Constituição que limitasse o poder absolutista do monarca.

Percebe-se claramente já aqui a inspiração decisiva da Independência Americana sobre esse grupo de franceses, alguns dos quais, como o Marquês de La Fayette (1757-1834), até haviam lutado ao lado dos insurgentes contra a metrópole inglesa. Entusiasmados pelo exemplo da libertação americana, eles também planejavam lutar contra a tirania em seu próprio país, submetendo seu rei a uma lei maior que o forçasse a dividir o poder com um Legislativo autônomo. Foi com esse objetivo que os Estados Gerais se transformaram em Assembleia Constituinte.

E também com este objetivo foi redigida e lançada uma *Declaração dos Direitos do Homem e do Cidadão*, em 26 de agosto de 1789, seguindo os moldes da *Declaração de Independência* escrita nos Estados Unidos 13 anos antes. Mas enquanto o texto americano retoma os "direitos naturais" para fundamentar a legitimidade de sua aspiração nacional, o redigido pelos franceses trata especialmente da condição universal do homem, dos direitos que a natureza conferiu a todo ser humano.

Os ideais iluministas estão presentes ainda com mais força nessa *Declaração*, em que o conceito de contrato social permite pensar os deveres do Estado como o correlato dos direitos do homem. Há também nela um sentido de formar a opinião pública, que ficaria conhecendo seus direitos pela simples "declaração" geral deles, reconhecendo-os por intermédio da sua mera enunciação. O pressuposto desta ideia é que os direitos não precisariam ser inventados, mas apenas afirmados, pois já existiriam no "estado de natureza". A primeira finalidade da Revolução devia ser, portanto, a de "restaurar" uma situação de justiça original, que de fato nunca ocorrera, mas que era o fundamento lógico indispensável de um "estado civil" legitimamente constituído.

A partir dos "direitos naturais", então, a tarefa jurídica seria edificar um conjunto de leis que os tomassem por base, impedindo qualquer forma de poder arbitrário. Por isso o espaço político da Assembleia foi estratégico para a Revolução: era nele que o descontentamento popular adquiria uma expressão jurídica apta a transformar a sociedade de modo permanente. Ao contrário de outras muitas vezes em que houve levantes no campo ou na cidade em protesto contra a carestia ou contra os monopólios e os tributos feudais, agora os protestos se revestiam de grande força e amplitude, pois imediatamente repercutiam em um foro apropriado que discutia seu significado e eventualmente podia converter suas demandas em reformas.

Mas se a Revolução se determinava nessa esfera da Assembleia Constituinte, não menos importante era a mobilização popular, que constituía a esfera da ação revolucionária direta. Desde alguns anos explodiam insurreições camponesas em várias regiões da França. Também as classes baixas urbanas – chamadas *sans-culotte* – se revoltavam em inúmeras cidades, com especial gravidade em Paris. Esses grupos sociais tinham grande expectativa de que os Estados Gerais e depois a Assembleia Constituinte conseguissem realizar reformas efetivas para melhorar sua condição de vida, e estavam dispostos a lutar para apoiar as decisões destas instituições contra os setores conservadores do antigo regime.

Foi em tal contexto que aconteceu a queda da Bastilha, em 14 de julho de 1789, evento considerado o marco inaugural da própria Revolução. Embora a Bastilha, velha fortaleza que perdera sua função militar, não fosse mais importante sequer como prisão, ela ainda tinha um valor simbólico como baluarte do absolutismo. Sua tomada pelo povo enfurecido teve imenso impacto e influenciou movimentos semelhantes também nas províncias, onde prefeitos e câmaras municipais foram alvo de ataque nas semanas seguintes, sendo substituídos por pessoas da confiança do terceiro estado. Muito importante também foi o fenômeno conhecido como o "grande medo", no qual camponeses assustados com a súbita falta de autoridade civil e revoltados contra os tributos que deviam pagar aos senhores, em condições de extrema penúria, invadiram e incendiaram castelos da nobreza rural, geralmente massacrando seus ocupantes.

A RADICALIZAÇÃO política

Esses movimentos iniciais impressionam a Assembleia. Na importante noite de 4 de agosto de 1789, alarmados com as notícias do levante camponês, os representantes da nobreza apresentam moções abolindo formalmente os direitos feudais, inclusive a servidão. Só aí se decide pelo desaparecimento dessa instituição medieval na França, suprimida já em algumas outras nações europeias. No entanto, os nobres exigem que os tributos atrasados e outros direitos relativos a suas terras sejam pagos a título de indenização. Em uma hábil manobra, eles abriam mão da parte emblemática do feudalismo, relativa à sua definição jurídica, para conservar a parte real, em que seu poder se convertia em renda. A exigência foi prontamente aceita pela Assembleia, e nas leis que se seguem regulamentando a matéria é instituído um resgate em dinheiro dos tributos senhoriais, levando enorme insatisfação ao campo.

O problema é que, neste primeiro momento da Revolução, a ala mais significativa dos deputados constituintes buscava assegurar a supremacia do legislativo sobre a Coroa, como no modelo inglês, para isso tentando formar um bloco hegemônico na Assembleia, que reunisse os interesses da ordem aristocrática e do terceiro estado. Mas é essencial perceber que este último, embora por princípio representasse todo o povo, era constituído por deputados oriundos da burguesia mercantil e financeira, bem como por profissionais liberais, especialmente advogados. Sua concepção do que deveriam ser as reformas sociais era, por isso, necessariamente diferente das aspirações do campesinato, da pequena burguesia de artesãos e lojistas, e do proletariado urbano. Estes eram, contudo, os setores que geralmente se mobilizavam em manifestações de rua e ações armadas, com reivindicações imediatas e radicais.

Por outro lado, mesmo tendo origem burguesa, alguns deputados concordavam com as aspirações populares e propunham reformas mais profundas do que as desejadas pela maioria dos seus colegas. Como no caso mais evidente de Maximilien Robespierre (1758-1794), eles constituíam já uma ala esquerda na Assembleia. Embora minoritária, a voz desse grupo era importante para dar ao povo a sensação de que suas demandas estavam sendo consideradas seriamente. Também outros deputados contribuíam para isso, usando uma retórica mais radical do que o teor de suas propostas, como era o caso de Mirabeau (1749-1791), filho do autor fisiocrata, de Sieyès e de Antoine Barnave (1761-1793).

De qualquer modo, eles foram surpreendidos no dia 5 de outubro de 1789, quando um grupo formado principalmente por mulheres do povo se dirigiu de Paris a Versalhes para reclamar da falta de pão. A situação era de grande perigo para a Corte, incapaz de reprimir violentamente a manifestação por não confiar nos soldados acampados ali perto, já que muitos simpatizavam com a reivindicação. O resultado foi que Luís XVI e a família real, assustados e desejando mostrar sensibilidade para com a causa popular,

Pressionada pelo povo, a família real retorna a Versalhes e torna-se refém da Revolução.

concordaram em acompanhar a multidão de volta a Paris e lá se instalar no antigo Palácio Real, tornando-se, a partir desta data, na prática, reféns da Revolução. Também a Assembleia, que funcionava até então em Versalhes, mudou-se para a capital, onde seria mais suscetível à pressão das ruas.

Apesar disso, permaneceu a hegemonia dos deputados que desejavam conservar a monarquia, desde que ela fosse constitucional e parlamentar. Assim, a Assembleia oscila entre um projeto de reformas quase que exclusivamente jurídicas e políticas e outro de reformas também de cunho social e econômico. Ela avança com a reforma municipal e administrativa, que elimina inclusive os pedágios e barreiras feudais sobre as rotas de comércio, e depois com a definitiva abolição das guildas e corporações de ofício, acabando com todo o monopólio oficial sobre a produção e a circulação de mercadorias. Até grande parte da alta burguesia concordava com o fim desses privilégios, desde que não se discutisse uma forma de melhor distribuição da renda. E aliando-se com a nobreza "liberal", esse grupo estava disposto a introduzir algumas mudanças no campo, convertendo o que antes era o domínio feudal em propriedade capitalista, para desta forma preservar a riqueza da aristocracia.

Contudo, este novo estatuto legal das terras pertencentes à nobreza continuava excluindo o campesinato pobre. Isso fica mais claro ainda, quando, com a intenção de aliviar a pressão no campo sem tocar na grande propriedade, a Assembleia decide sacrificar as posses do clero, confiscando suas terras. Se inicialmente se pensou em leiloá-las em pequenos lotes a baixo preço, depois os lotes foram novamente reunidos e os preços ficam inacessíveis para o camponês. Quem se beneficia do confisco são os grandes proprietários, aristocratas e burgueses. A tensão no meio rural se agrava com essa decepção, e novos levantes ocorrem em 1790 e 1791.

Enquanto isso, boa parte dos representantes da nobreza persiste na defesa de seus direitos feudais e da monarquia absolutista, recusando-se a qualquer concessão. A estratégia de unir os interesses do terceiro estado e os da aristocracia esbarra, desta maneira, no considerável obstáculo dessa teimosia, que isolava a pequena facção "liberal" e tornava inócuo o esforço de formar um bloco constitucionalista hegemônico. A condução mais moderada da Revolução mostrava-se inviável, ameaçando o frágil equilíbrio político.

O próprio rei não queria se submeter à Constituição e às mudanças que estavam ocorrendo. Ele planeja uma fuga de Paris para algum lugar próximo à fronteira, onde receberia ajuda de outros países europeus, alarmados com os acontecimentos na França, que também os ameaçavam de certo modo. No dia 21 de junho de 1791, Luís XVI e sua família escapam, mas são reconhecidos um pouco adiante, na localidade de Varennes, e trazidos de volta à capital. A situação se complica muito com esse fato. Cooperando com austríacos, ingleses e prussianos, o rei parecia culpado de traição a seu próprio país. Surgem já algumas vozes que pedem sua renúncia, e até as que reivindicam o fim da monarquia, com a instalação de uma república.

Mas a ala moderada da Assembleia ainda é muito forte para repelir essas demandas, num momento em que a Constituição estava praticamente pronta. Assim, o rei permanece para, acuado, jurar a lei máxima promulgada em setembro de 1791. A Assembleia Constituinte encerra então seus trabalhos e, em outubro, é eleito o corpo legislativo normal para os próximos dois anos, a Assembleia Nacional.

A tensão ainda é muito grande, no entanto. Os camponeses continuam agitados; a população de Paris está em pé de guerra, armada e mobilizada contra a fome e as reformas estabelecidas, que lhe pareciam muito tímidas. Contra eles, os moderados tiveram de impor-se pela força, ordenando que a Guarda Nacional comandada por La Fayette reprimisse a reunião popular convocada em 17 de julho para discutir no Campo de Marte a renúncia de Luís XVI. As tropas abrem fogo contra a multidão e cerca de 50 pessoas são mortas. Seguem-se inúmeras prisões de simpatizantes da república. Marat tem de se esconder; Danton foge para a Inglaterra, onde passa alguns meses.

Mas o episódio marca o rompimento da unidade existente até este momento entre os vários grupos revolucionários. La Fayette e os demais moderados passam a ser vistos com desconfiança, como inimigos da Revolução. A consequência imediata foi que, na eleição para a nova Assembleia, ficaram de fora nobres e clérigos

A Assembleia Nacional, um dos palcos da radicalização política que levaria à Revolução.

conservadores, sendo escolhidos apenas representantes das ideias liberais, como maioria absoluta, além de uma ala esquerda mais numerosa. Segue-se uma compreensível radicalização das demandas do terceiro estado e dos conflitos nas ruas e nos campos, abalando estruturas políticas e sociais que até este ponto haviam conseguido sustentar-se. Algo impensável poucos meses antes, a ideia de um governo republicano começava a ser considerada seriamente.

POR UMA NOVA ordem social

A Assembleia Nacional também era chamada de legislativa, porque seu dever era formular e redigir as leis comuns que colocariam em prática os dispositivos da Constituição, especificando-os. Surgia, com isso, a ideia de que a Revolução não poderia ser limitada a simplesmente "restaurar" os "direitos naturais" afirmados pela lei máxima e a garanti-los pela divisão dos poderes, mas tinha de criar uma nova ordem política e social.

Tradicionalmente o conceito de "revolução" significava apenas a volta a uma situação primitiva que a tirania usurpara, sendo assim interpretada a Revolução Gloriosa da Inglaterra de 1688 até a Independência Americana de 1776. A própria palavra "revolução" era emprestada pela política ao vocabulário das ciências da natureza, mais exatamente da astronomia, onde se referia às órbitas dos planetas, em círculos que retornavam sempre ao seu início. Um novo conceito se delineava aos poucos, contudo, na dinâmica revolucionária francesa, para indicar a instauração de uma nova ordem – não a referência ao passado, desta forma, mas ao futuro que se queria construir.

A maioria da Assembleia Nacional era ainda composta, no entanto, por moderados que acreditavam que a tarefa da revolução já havia sido essencialmente cumprida com a Constituição. A ordem que eles projetavam para a nação não era muito diferente da do antigo regime: a igualdade que eles defendiam implicava acabar com o feudalismo e a servidão, mas não com a aristocracia e a hierarquia social. E neste ponto começam a aparecer as diferenças entre o seu projeto e o de grupos que se posicionavam à sua esquerda, isto é, de modo mais radical.

A Revolução não conhecia partidos políticos no sentido atual do termo. Os deputados das assembleias eram, por princípio, representantes individuais dos seus eleitores. Mas espontaneamente se formavam os chamados "clubes", diferenciando as opiniões e os programas daqueles que tomavam parte nos acontecimentos, e que geralmente adotavam a denominação do lugar em que se reuniam: os "*cordeliers*", no salão do convento franciscano de Paris; os "jacobinos" no salão do convento da ordem desse mesmo nome. E durante as discussões ocorridas nesses clubes, surgiam novas diferenças. Assim, os moderados da Assembleia, que inicialmente faziam parte do clube jacobino, acabaram divergindo da ala esquerda e formaram outro clube, o dos "*feuillants*", nome dado aos monges da ordem cistersense, em cujo convento passaram a reunir-se. *Cordeliers* e jacobinos constituem a esquerda desde o fim de 1791, em oposição aos *feuillants*, maioria que queria a monarquia parlamentar e a permanência de uma aristocracia não feudal.

Entretanto, vimos que o plano de constituir um bloco político com o conjunto da nobreza esbarrou no fato de a maior parte dessa classe não concordar com a abolição dos seus direitos senhoriais. Os decretos que os aboliam, inclusive, continuavam como letra morta, agravando as tensões no campo, onde os levantes se sucediam. Os *feuillants* tinham dificuldade em realizar até o projeto de uma revolução "restauradora", portanto, presos que estavam a um compromisso inviável. Nesse contexto, a esquerda, mesmo minoritária, conseguia gradualmente convencer a sociedade da necessidade de um programa mais ambicioso, adquirindo prestígio e força política.

Somada a essa situação, ela própria complicada porque a escassez de gêneros crescia com a falta de reformas econômicas e sociais efetivas, vem o problema causado pela guerra, declarada em abril de 1792 contra as potências estrangeiras que queriam restabelecer o antigo regime na França. O comando militar era composto ainda por membros da aristocracia, num resquício da sua função medieval de "ordem dos que combatem". Deste modo, as derrotas sofridas pelos franceses nos primeiros meses da guerra foram atribuídas à falta de vontade dos nobres em lutar contra os inimigos da Revolução, associando-se também a Luís XVI, cuja tentativa de fuga no ano anterior era percebida como vontade de aliar-se aos estrangeiros que buscavam justamente intervir para acabar com a Revolução e devolver-lhe, o poder absoluto.

Quando as desconfianças aumentaram, conjugando-se à decepção com o governo dos moderados, a população de Paris explodiu de ódio ao rei e à nobreza: no dia 10 de agosto de 1792, ela ataca e toma o Palácio Real das Tulherias, destituindo e aprisionando Luís XVI. É o fim da monarquia e a instituição da república.

O significado da república não se restringe, porém, a uma mera mudança na forma de governo. Pelo próprio processo de que resulta, no quadro de um movimento popular dos *sans-culottes*, ela deve corresponder a modificações mais profundas, realizando o projeto de uma outra revolução, mais ampla que a "restauração" dos "direitos naturais". Não bastava destronar o tirano; mas, ao fazê-lo, ficava claro, em primeiro lugar, que o soberano não era o monarca, e sim o povo. Triunfa, assim, a concepção de soberania popular consagrada pela ideia de "vontade geral" desenvolvida por Rousseau. É principalmente nesse momento que se busca em seu *Contrato Social* um guia para estabelecer a nova ordem pela qual se lutava.

É aí também que a Independência Americana serve de fonte para outra inspiração: o que havia sido conquistado no Novo

Mundo era a prova de que um governo republicano seria factível na época moderna e em um país de grande população e território, ao contrário do que afirmara Montesquieu e do que diziam os *feuillants*. Ainda mais, demonstrava-se com o exemplo dos Estados Unidos que a melhor sociedade possível era a constituída apenas pelo terceiro estado, sem aristocracia de espécie alguma.

Na república francesa, a "vontade geral" devia ser expressada melhor em eleições com participação mais ampla do povo. Avaliava-se que as Assembleias até então teriam sido conservadoras porque eram escolhidas em um sistema censitário, que limitava muito o número dos eleitores. Este sistema, idealizado pela Constituinte, reconhecia que todos eram cidadãos, mas distinguia entre os chamados "passivos", cujos direitos não incluíam o de votar, e os cidadãos "ativos", com direito de voto garantido por atestarem uma renda relativamente alta. Ou seja, o critério efetivo para alguém poder ser eleitor era o econômico, permitindo a exclusão dos cidadãos pobres, cujo voto poderia ser perigoso. Assim, a primeira providência republicana devia abolir esse sistema eleitoral e estabelecer critérios mais abrangentes, anulando a distinção entre cidadãos "passivos" e "ativos". Consequentemente, um novo corpo legislativo viria a substituir a Assembleia Legislativa, eleita pelo sistema anterior. Surge, assim, a Convenção Nacional.

A Convenção foi eleita e se reuniu no mês de setembro de 1792, declarando uma nova fase da Revolução. Melhor dito, para ela a Revolução de fato começava ali, com a república. Por isso, ela decidiu estabelecer um novo calendário, o que de fato só foi aprovado um ano depois, mas fixado retroativamente para começar no dia 22 de setembro de 1792. Além de data oficial do início dos trabalhos da Convenção, este é último dia do verão no hemisfério norte. Essa escolha, bem como o nome dos meses inspirados pelas características naturais do mês – "chuvoso", "ventoso", "brumário" – ou pela atividade agrícola nele realizada – "germinal", "floreal", "frutidor" – revela a intenção de aproximar o tempo histórico do tempo natural e do cotidiano do trabalho do povo. Era tal elemento que devia marcar as datas e comemorações, conferindo significado aos acontecimentos sociais e políticos.

Decreto que institucionalizou a Convenção Nacional em 1792.

Além disso, é sintomático que o ano zero fosse o da instituição da república, considerada tão primordial quanto um evento da natureza, por tratar-se da realização mais acabada do "direito natural". Por outro lado, não é menos relevante o próprio fato de a república ter decidido instaurar um ano zero: a partir dali, a revolução não poderia mais ser concebida como retorno ao passado, e sim como fundação de uma ordem de coisas totalmente novas.

O TERROR

A Convenção começa abolindo formalmente a nobreza, isto é, as distinções hierárquicas entre os homens, que doravante seriam todos iguais perante a lei. Como o estatuto jurídico da maior parte das terras dos senhores havia passado de domínio feudal para propriedade privada, contudo, a situação de fato continuava sendo a concentração da posse, que excluía os camponeses da possibilidade de adquirir terra. As agitações nesse setor persistiram, portanto, até o ano de 1793, mesmo com a Convenção. E entrava em discussão, principalmente, a definição de igualdade. Aqui Rousseau era mais uma vez precioso, porque seu *Discurso sobre a Origem da Desigualdade* relacionava o problema à propriedade particular. Por "igualdade" devia entender-se a ausência de privilégios e a extensão da cidadania a todos os membros da República, ou a distribuição equitativa da propriedade e da renda?

A maior parte dos deputados convencionais só admitia a primeira resposta, o que já era um avanço significativo em relação ao antigo regime anterior à Revolução e ainda vigente no restante da Europa. Eles acabavam de extinguir os títulos e os privilégios aristocráticos e de revogar o sistema eleitoral censitário que dividia os cidadãos em duas classes, deixando de fora do processo político a esmagadora maioria da nação. Mas eles acreditavam no caráter sagrado da propriedade, o que significava permitir sua concentração, com a distinção entre ricos e pobres, que parecia ao povo tão infame quanto a distinção entre nobres e plebeus.

Existia, porém, um grupo na Convenção que propunha abordar também essa questão: os membros do clube dos *cordeliers*, especialmente Jean-Paul Marat (1743-1793), aos quais se juntou Jacques Roux (morto em 1794). Este último, líder dos chamados "enraivecidos", defendia o interesse dos *sans-culottes* que protestavam contra os altos preços dos gêneros e pediam uma legislação contra os especuladores e os ricos em geral. Eles representavam a ala mais radical da revolução, com um conceito de "igualdade" que implicava a dimensão social da diferença entre ricos e pobres.

É importante notar, entretanto, que eles não chegavam a exigir a abolição da propriedade privada em si mesma, apenas a sua melhor distribuição. Seu ideal era o de uma sociedade onde todos pudessem ter propriedade, sem que tantos fossem excluídos desse direito para que uns poucos pudessem concentrá-la em suas mãos e submeter os primeiros à condição de simples assalariados. Era muito mais a igualdade de rendas e das condições de consumo que constituía seu programa político, mas essas reivindicações se chocavam contra a maioria dos convencionais, aferrados aos princípios do liberalismo econômico.

É no contexto desse debate que o clube dos jacobinos se cinde mais uma vez, com a expulsão de Jacques-Pierre Brissot (1754-1793) e seus partidários, mais tarde chamados de "girondinos", devido à região da França que representavam. Contra eles se erguem os deputados da "montanha", assim denominados por se sentarem nos bancos mais altos da Convenção, chefiados por Robespierre, Louis Saint-Just (1767-1794) e Georges Danton (1759-1794). Desde o começo da república mais atentos às demandas dos *sans-culottes*, estes deputados entram em confronto com a maioria de girondinos e acabam se aliando aos "enraivecidos" nos primeiros meses de 1793, para exigir punição aos especuladores e tabelamento de preços.

O julgamento de Luís XVI, em dezembro de 1792, divide também as duas alas da Convenção, com os girondinos tentando salvar o rei, enquanto os mais radicais pediam sua condenação e execução, o que acaba acontecendo: em 21 de janeiro de 1793, Luís XVI é guilhotinado, num ato de radicalização calculado para fazer avançar o projeto social da Revolução. De fato, diante disso, a guerra com os outros países europeus recrudesce e impõe à Convenção medidas excepcionais. Em abril, é criado um "comitê de salvação pública", nome que dá a exata dimensão da gravidade do perigo ameaçando a França, não só pelo ataque de exércitos estrangeiros como por levantes de parte do campesinato contra a própria Revolução, que até ali não havia contemplado suas expectativas.

Neste momento, Robespierre assume poderes extraordinários, elimina seus inimigos da gironda e inicia o período denominado de "terror". Nele são reprimidas com grande brutalidade as revoltas antirrepublicanas que explodiram nas cidades de Lion e Toulon, bem como a dos camponeses da região da Vendeia. Constroem-se guilhotinas em toda a parte, nas quais os opositores são decapitados aos milhares. Sucessivamente são também julgados e executados aqueles considerados traidores da Revolução: primeiro, Brissot e seus companheiros, entre os quais Condorcet (mencionado no capítulo anterior como autor de uma importante filosofia da história) que se suicida antes de ser preso; em seguida, os "enraivecidos"; finalmente, Danton e outros jacobinos e *cordeliers*, que contestavam a ditadura de Robespierre. Em maio de 1794, este conseguira

Execução de Luís XVI na guilhotina, numa estampa da época.

realizar seu programa político, concentrando o poder no Comitê de Salvação Pública, em detrimento inclusive da Convenção e das organizações populares.

A guerra e a luta contra facções denunciadas como antirrevolucionárias lhe haviam permitido o exercício de tais poderes, e, principalmente, que seu discurso e seu programa particular aparecessem como os únicos possíveis. Daí a intolerância que já caracterizava a atuação dos girondinos e que pontua ainda mais a do grupo jacobino radical: qualquer outro projeto político, avaliado como insuficiente para as extremas necessidades do momento, devia ser violentamente combatido em nome da Revolução. Robespierre assume completamente essa atitude, concebendo suas ideias e suas práticas políticas específicas como a "salvação pública", como as únicas ideias e práticas que correspondiam aos interesses universais do povo, da pátria, da revolução.

Assim, não é por acaso que as palavras "nação" e "revolução" se confundem na linguagem da época. Por um lado, a revolução não seria obra de apenas uma parte da sociedade, e sim de seu todo, bem representado na república pela proposta de sufrágio "universal", isto é, de que tomassem parte os proprietários do sexo masculino, com uma renda mínima relativamente baixa. Por outro lado, a própria nação estaria se afirmando e constituindo como tal através do processo de revolução do sistema anterior, excludente da maioria do povo.

Neste quadro, cada grupo via seu projeto determinado como idêntico ao destino do processo revolucionário, e todos os demais

Robespierre eliminou os inimigos e liderou o período do "terror".

como obstáculos ou desvios que deviam ser suprimidos. Esse exclusivismo assumido por cada facção era alimentado por alegações de pureza de intenções e de sacrifício pela pátria, correspondendo exatamente ao sentimento da "virtude" que caracterizaria, para Montesquieu e Rousseau, as repúblicas da Antiguidade. Por isso, os revolucionários se identificavam aos sóbrios romanos, revestindo-se dos seus símbolos e configurando muitas de suas instituições à maneira antiga.

De qualquer forma, no contexto da extrema violência do "terror" foi por fim aniquilado o antigo regime, com sua aristocracia feudal, seus monopólios econômicos, seus entraves ao desenvolvimento do capitalismo. Apesar de exercer o despotismo, os objetivos de Robespierre são liberais, e por isso ele não continuou aliado por muito tempo aos "enraivecidos", cujos pedidos por tabelamento de preços e punição aos especuladores passaram a ser vistos como restrição ao livre funcionamento dos mercados. Tão logo foi possível, ele acaba com o que considera restrição à liberdade econômica, base da sociedade na qual acreditava e pela qual lutava. Compartilhando aqui mais do ideal fisiocrata que do comunismo de Morelly, Robespierre sonha com uma sociedade composta por pequenos proprietários, livres dos monopólios e sanções estatais, para produzir e vender onde e como quisessem.

Por outro lado, ele também atua contra a gironda, que de certa forma defendia os ricos. Por isso a nova Constituição, promulgada pela Convenção em junho de 1793 para substituir a anterior, incorpora artigos de assistência e defesa dos pobres, argumentando que o primeiro direito do homem é o de existir: a todos têm de ser asseguradas condições de vida digna, sem as quais a liberdade seria uma palavra vazia. Fiel nesse outro aspecto a Rousseau, Robespierre não considera a propriedade um "direito natural", e sim um direito estabelecido pela sociedade, podendo e devendo submeter-se ao interesse público.

Nisso se percebe já o quanto o conceito de "revolução" presente nesta segunda Constituição se afasta do da primeira, de 1791. A "volta" que se trata agora de fazer não é apenas o retorno dos direitos primitivos usurpados, mas o mundo social posto de cabeça para baixo. No conflito com os jacobinos, Brissot afirmava ser preciso "parar a Revolução, antes que ela revolucione tudo", vale dizer, antes de ela colocar os ricos para baixo e os pobres para cima. A derrota da gironda ameaçou levar a isso mesmo que ele temia.

Esse projeto radical permite entender as medidas tomadas pelos republicanos até mesmo em relação a outros aspectos da vida social. É o caso especialmente do ensino, onde a Revolução inova ao consagrar os princípios da instrução leiga, pública, gratuita e universal, incluindo ambos os sexos, todas as classes e idades. Mas também no campo das artes houve modificações importantes. O mencionado culto a Roma associou-se ao estímulo do neoclassicismo, com Jacques-Louis David (1748-1825), um dos maiores pintores de todos os tempos, tendo sido membro do clube jacobino e participado ativamente da Convenção e dos comitês revolucionários. Ele é, porém, só o nome mais conhecido entre outros muitos artistas e pesquisadores que militaram na política e na cultura a favor dos ideais da república. Foi nesta, num último exemplo, que se tornou finalmente realidade o plano de criar os museus, onde a arte poderia ser admirada pelo grande público e não só pelos mecenas da aristocracia e alta burguesia, como antes.

Com tudo isso, chegava ao ápice este momento simultaneamente destrutivo e construtivo do processo político. Foi apenas com os golpes violentos do "terror" que a república pôde se consolidar, com a liquidação dos entraves feudais sustentados pela nobreza e pelo particularismo regional da França do antigo regime. No entanto, a repressão dos jacobinos aos projetos rivais não conseguiu eliminá-los. A Revolução ainda daria novas voltas e viveria restaurações.

O FIM

Mesmo depois de eliminar seus opositores à direita e à esquerda, durante os meses de março e abril de 1794, o grupo jacobino no poder ainda se viu confrontado com a crescente crítica daqueles que consideravam sua atuação excessiva e, por outro lado, daqueles para quem ela era ainda muito tímida. Foi esse duplo movimento que possibilitou a derrubada de Robespierre no famoso golpe do 9 de Termidor, data no calendário da Revolução que corresponde ao 27 de julho de 1794.

De fato, não foi todo o Comitê de Salvação Pública que caiu neste dia. Ao contrário, alguns dos seus próprios membros se voltaram contra Robespierre e Saint-Just, acusando-os de pretenderem impor um despotismo bem pouco esclarecido. A esses dissidentes se juntaram deputados de várias facções da Convenção, também com a mesma acusação. E quando, já no dia seguinte ao golpe, Robespierre e seus companheiros foram guilhotinados, a temida reação dos *sans-culottes* mostrou-se nula. Houve até populares que manifestaram sua aprovação ao que estava acontecendo. Como isso foi possível?

O afastamento dos "enraivecidos", em fins do ano anterior, inclusive com o suicídio de Roux no cárcere e a execução de alguns de seus partidários, deixou evidentes os limites do envolvimento dos jacobinos com as demandas populares por uma economia controlada, onde a riqueza exagerada fosse taxada e os grandes especuladores, punidos. Eles só estavam dispostos a fazê-lo enquanto durasse a guerra contra as potências estrangeiras, e mesmo assim só até certo ponto, pois acreditavam no ideal de "*laissez-faire*" da fisiocracia. E se Robespierre subordinava a propriedade privada ao bem público, ele admitia que as leis deviam, em última análise, preservá-la e defendê-la. Por isso, muitos historiadores consideram que não foi o golpe de Termidor que acabou com as realizações sociais do governo revolucionário; estas já teriam cessado bem antes, quando os jacobinos descartaram a aliança com os "enraivecidos". Uma porta central de contato com a *sans-culotterie* teria então se fechado, determinando o mútuo esfriamento de relações.

Neste sentido, também, a enorme centralização de poderes e funções nos Comitês Revolucionários então criados representou uma oposição às formas de democracia direta próprias às organizações populares. A instalação mesma do "terror" e seu significado passam pela concentração e monopolização pelo governo das iniciativas espontâneas em que grupos de pessoas muitas vezes arrancavam prisioneiros das mãos da polícia e os linchavam. Temeroso dos excessos a que essas iniciativas poderiam levar, o poder público toma para si essa tarefa, substituindo pela guilhotina os lampiões de rua onde o povo costumava enforcar os que considerava seus inimigos.

Eram duas práticas políticas revolucionárias que teriam entrado em conflito irreconciliável. Mas, como assinalamos anteriormente, a Revolução se dava desde o início nesses dois níveis – da representação nas assembleias de deputados eleitos e da atuação popular direta –, de modo que o enfraquecimento de um deles devido ao confronto com o outro foi fatal para o processo como um todo. Os Comitês e a Convenção se dividiram internamente e o movimento dos *sans-culottes* limitou-se a assistir o embate, incapaz de decidir o rumo dos acontecimentos, como havia feito até então.

A morte na guilhotina: Robespierre teria o mesmo fim de seus inimigos políticos.

Depois de julho de 1794, a Convenção retira dos Comitês sua força extraordinária, enquadrando os jacobinos remanescentes numa ampla maioria moderada, em que o programa político girondino volta a ser determinante. São cancelados os resquícios de controle da economia e afirmado o caráter "natural" e, portanto, inviolável, da propriedade privada. Ela não poderia estar mais sujeita a nenhum regulamento estatal, numa afirmação absolutamente coerente com os princípios liberais elaborados desde Locke. Também dentro dessa linha, e aqui aparece sua distinção para com o ideário de Robespierre, apaga-se a diferença entre pequenos e grandes proprietários e a noção de que os interesses de ambos poderiam entrar em choque.

Não é mais a sociedade de pequenos proprietários, mas a dos proprietários em geral, que se pensa aqui, sem conceber a propriedade como algo excludente, isto é, que opõe os grandes aos pequenos ou aos assalariados em geral. Parece que bastaria garantir a liberdade, para que a mobilidade social se encarregasse de tornar fluidas as fronteiras entre todos esses grupos.

De certa forma, essa imagem corresponde à composição de classe da *sans-culotterie*, em que se misturavam pequenos artesãos e comerciantes a assalariados, biscateiros e desempregados, numa consciência única de que todos seriam pobres, espezinhados pelos ricos e poderosos. E nem poderia ser diferente, considerando o estágio da produção industrial francesa, ainda distante do sistema fabril já em curso na vizinha Inglaterra: na França, presa até tão recentemente aos "regulamentos" de Colbert, não só imperava a manufatura, e não a produção através de máquinas, como as próprias manufaturas eram geralmente de pequeno porte, ao contrário do que ocorria do outro lado da Mancha. Assim, não havia se desenvolvido uma classe nítida de assalariados diante de outra de grandes proprietários industriais. Pequenos artesãos conviviam e trabalhavam lado a lado com seus empregados, chamados, a propósito, de "companheiros".

Neste contexto, as reivindicações por emprego, por melhores salários, por tabelamento dos preços dos principais itens de consumo, ou ainda por proteção em face das tentativas dos grandes mercadores em monopolizar o comércio – tudo isso era colocado no mesmo plano pelos *sans-culottes*. No entanto, com o avanço da Revolução, começam a surgir distinções entre estes vários interesses, quebrando a coesão do grupo e reduzindo-o à condição de expectador dos fatos.

Há, porém, ainda um momento em que os interesses populares se manifestarão, e de modo até depurado. No final de 1795 começa a tomar corpo a "Conjuração dos Iguais", dirigida por François Babeuf (1760-1797) junto com vários jacobinos derrotados no ano anterior. Inspirado não apenas por Rousseau, mas também por Mably e Morelly, desenvolve-se o conceito de igualdade numa formulação que pede enfim a abolição da propriedade privada e da diferença entre assalariados e proprietários. Babeuf se coloca, assim, na origem dos movimentos comunistas do século XIX, ao reclamar a repartição dos produtos conforme as necessidades de cada um e ao conceber o trabalho exercido em propriedades comunais como a base de relações sociais justas. Mais uma vez de acordo com as condições socioeconômicas da França de sua época, no entanto, a ênfase de Babeuf recai muito mais sobre a terra e a agricultura do que sobre a produção industrial, quando prega a distribuição da propriedade.

Com isso, sua mensagem penetra relativamente pouco na *sans-culotterie*. Mesmo com a publicação periódica do jornal *O Tribuno do Povo* e, em novembro de 1795, do *Manifesto dos Iguais*, ele não pode contar com a espontaneidade revolucionária do povo para realizar suas ideias. A única saída seria, então, uma "conspiração", caracterizada pelo segredo e pela organização hierárquica do grupo insurgente. Esta é denunciada, porém, levando Babeuf e seus partidários à prisão, em maio de 1796, sendo condenados e executados no ano seguinte.

Enquanto isso, consolidava-se o governo formado depois da derrocada dos jacobinos, redigindo uma nova Constituição – a terceira da Revolução e segunda da república. Nela se assegura a grande propriedade e se retorna ao sufrágio censitário, que exclui a grande parte da nação do direito de voto. A *Declaração dos Direitos do Homem e do Cidadão* que segue a Constituição é bem menos ousada que a de 1789 além de acompanhada por uma declaração dos deveres, e não só dos direitos. Com todo esse conservadorismo, é natural que os monarquistas se sentissem estimulados a tentar a volta ao poder, e o confronto com esse partido pontuará os anos finais do século XVIII. A república se mantém um tanto precariamente sob o governo de um órgão executivo colegiado de cinco membros, chamado de "Diretório", instituído em outubro de 1795.

Mas a guerra contra as coligações estrangeiras se perpetuava, deprimindo a economia e condicionando a política às suas exigências. Em tal quadro seriam confirmadas as previsões feitas por Robespierre ainda em janeiro de 1792 – antes do advento da própria república: "se um desses generais estiver destinado a obter algum sucesso... que ascendência não dará ele a seu partido?". O perigo era claro. Ameaçada de fora e de dentro pelos monarquistas, e sem poder recorrer ao apoio popular, a república teve de ser defendida por um general vitorioso: Napoleão Bonaparte, que se proclama cônsul – bem ao gosto do culto a Roma – com o golpe de 18 de Brumário, o dia 9 de novembro de 1799. O Diretório é derrubado para manter a república, que será derrubada a seu turno, porém, pelo próprio Bonaparte, quando se coroar Imperador, em dezembro de 1804. Mas, a essa altura, a Revolução há muito havia acabado.

Conclusão

Nesses mais de duzentos anos que nos separam dos acontecimentos que acabamos de examinar, multiplicaram-se as interpretações e explicações dadas pelos historiadores, sendo impossível num curto espaço apresentar até mesmo uma sinopse de toda sua variedade. Conforme cada perspectiva, selecionam-se diferentemente os fatos considerados relevantes, altera-se o seu significado, seu encadeamento narrativo e causal e, por fim, o próprio sentido da Revolução. A perguntas como – qual foi o resultado efetivo de todo esse processo?, ou como ele pode ser caracterizado?, ou ainda, quem dele se beneficiou? – uma gama de respostas diversas é oferecida.

Evidentemente, também o presente livro tem seus pressupostos e objetivos. Ele pretendeu assinalar o entendimento que os revolucionários mesmos tinham da sua prática, a partir da visão de mundo iluminista que predominava no século XVIII. Antes disso, porém, ele buscou superar a dualidade entre pensamento e ação: enfatizou-se a dimensão prática do Iluminismo, com seus projetos de intervenção e modificação da sociedade; e a dimensão teórica da ação revolucionária, cujos dilemas levaram-na a ser mais do que uma simples aplicação das ideias na realidade. A atuação política necessitava de novas formulações e definições, desdobrando sucessivas concepções do Estado e da sociedade, conforme a discussão pública e as tarefas da Revolução iam exigindo. E isso representou de certa forma uma continuação do movimento das ideias do século, quando a crítica e a suspeita, intrínsecas ao seu modo de pensar, serviam de motor a esse mesmo movimento.

Assim, procurou-se destacar que o Iluminismo se situou entre as duas revoluções de crucial importância na história moderna, a Inglesa do século XVII e a Francesa do XVIII. Nesse intervalo, foi desenvolvida a concepção política liberal, que a primeira revolução elaborou a partir da tradição jurídica dos "direitos naturais" e à qual veio se juntar a nova perspectiva empirista do conhecimento científico. Os limites do poder do Estado, a definição de soberania e de liberdade política e econômica foram objeto da reflexão de obras fundamentais desde Locke a Rousseau. Associada a ela, difundiu-se uma atitude irreverente e crítica dos tradicionais saberes religiosos e filosóficos, dos dogmas sobre os quais se assentava a autoridade política e eclesiástica. A prática Iluminista, que encontrou na *Enciclopédia* o seu veículo mais poderoso, já visava à mudança dos "costumes", esfera da realidade onde se enfeixariam todas as crenças e as práticas sociais de um povo, até mesmo as da sua vida política.

Seguindo essa perspectiva, instala-se o debate na Assembleia Constituinte francesa de 1789, onde rapidamente é produzida a *Declaração dos Direitos do Homem e do Cidadão*. A dupla dimensão do direito está presente até no título da *Declaração*, que contempla o "homem", isto é, o sujeito dos "direitos naturais", e o "cidadão", sujeito dos direitos políticos e sobre quem se constitui a soberania estatal. Toda a ampla visão liberal da sociedade aparece aqui, consagrando a divisão de poderes proposta por Locke e por Montesquieu, a liberdade de comércio e produção pregada pelos ingleses e pela fisiocracia, a "vontade geral" de Rousseau como base do Estado.

E a trajetória da Revolução pode ser exposta quase como um embate em torno das variações sobre o tema da igualdade. Se inicialmente havia aristocratas defendendo seus privilégios tradicionais, logo se forma o consenso que leva os franceses para além do resultado alcançado pela Revolução Inglesa de 1688: todos passam a concordar quanto à necessidade de extinguir as diferenças de *status* entre plebeus e nobres, proclamando sua igualdade jurídica. Isso ia além inclusive do proposto no *Espírito das Leis*, escrito quarenta anos antes e para o qual a aristocracia ainda teria um papel importante a desempenhar.

É o sentido clássico da palavra "revolução" que se afirma nesse momento: um círculo em que a sociedade imita as órbitas dos astros, e através do qual ocorre o retorno a uma situação original, "natural", usurpada por uma tirania. Trata-se neste sentido de garantir a liberdade individual e a igualdade perante a lei. Em geral, os historiadores que destacam a relevância dessas realizações "burguesas" da Revolução Francesa se atêm a esse conceito e a esse momento do processo, responsável pela abolição definitiva da feudalidade, pela integração do mercado interno e do território nacional, acontecimentos que permitem a expansão do capitalismo no século xix.

Mas o debate entre os revolucionários não parou aí. Os problemas decorrentes da guerra contra as potências europeias que desejavam destruir a Revolução, bem como do desabastecimento e da alta dos preços, que levavam grande parcela da população à fome, propiciaram o surgimento de uma prática distinta. Jacobinos e "enraivecidos" acreditam não ser possível, em tais condições, tentar implantar o "*laissez-faire*". Eles revelam, com isso, a concepção de que a propriedade deveria estar submetida ao bem público e de que a igualdade deveria ser social e não apenas jurídica, almejando a criação de uma sociedade de pequenos proprietários, mediante uma distribuição de riquezas que minimizasse as diferenças entre ricos e pobres. Mas eles enfrentam uma pesada oposição dos liberais e a discussão se radicaliza mais uma vez. É um momento extremamente rico de discussão que nem o Terror conseguiu sufocar, no bojo da qual surge o segundo sentido para a "revolução", conservado até hoje: a volta, o círculo do movimento revolucionário, significa agora muito mais colocar a antiga ordem de pernas para o ar, subvertendo sua estrutura social e criando no seu lugar uma nova.

As referências teóricas nessa redefinição continuam sendo os autores fundamentais do Iluminismo, mas a importância de Rousseau cresce com a preocupação sobre o aspecto social da igualdade e pela extensão da cidadania a uma parcela muito mais ampla da população. Daí os Jacobinos terem colocado, em 1794, seus restos mortais ao lado dos de Voltaire, já homenageado três anos antes, numa fase de predomínio liberal na Revolução. Simbolizadas pelas duas homenagens, eram propostas que se digladiavam, eram definições de "revolução" que se enfrentavam e distinguiam.

Formaram-se assim os diversos partidos ou grupos de opinião e atuação, cada qual com seu programa, que se burilava à medida que era criticado pelos rivais. Por isso a discussão e a legislação nas sucessivas Assembleias constituía uma instância fundamental no processo revolucionário. Nela o fazer político foi além de meramente aplicar as ideias dos antigos filósofos. Surgiram outros durante a própria Revolução, alguns muito importantes, como Condorcet, que pensou com originalidade os problemas envolvidos pelo sufrágio universal, pela cidadania e pela ideia de progresso na história. Aqui ocorre também uma prática teórica, não apenas uma prática imediata, uma simples ação pretensamente divorciada do pensamento.

A relação entre Iluminismo e Revolução é bem mais complexa, portanto, do que a via unilateral que vai dele a ela. A pergunta mais adequada e fértil não é se, e como, as ideias iluministas conduziram aos acontecimentos de 1789. Posta dessa maneira, como o faz a maior parte da bibliografia, a questão é quase insolúvel, presa na armadilha de um idealismo em que pensamento e realidade se defrontam em uma dicotomia. Se o Iluminismo também foi atuação, contudo, e a Revolução também foi elaboração teórica, a direção da pergunta deve ser invertida: trata-se de saber como os revolucionários leram, interpretaram, aplicaram e desenvolveram os autores iluministas, apropriando-se de seus conceitos e modificando-os. Nessa perspectiva, ainda, levam-se necessariamente em conta as diferenças entre as propostas revolucionárias, entre as obras iluministas e, por fim, entre ambas as esferas.

É o confronto dos diferentes projetos que determina o andamento da Revolução. Dentro das condições sociais em que ela se deu e às quais reagiu, muitas propostas se apresentaram e nenhuma delas podia ser considerada de antemão vitoriosa. Findo o processo, naturalmente os historiadores partem dos resultados – sobre os quais, aliás, sempre há divergências – para encontrá-los já desde o começo e considerá-los então como causa, ou para através deles afirmar o caráter dominante do processo todo. No entanto, no mesmo momento em que a Revolução ocorre, todas as possibilidades estão em aberto. Foi deste jogo de forças que o Iluminismo foi levado às suas últimas consequências e desdobrado em novos conceitos, que superaram o marco dos "direitos naturais" e alcançaram uma definição inédita da sociedade e da política.

A nova prática que assim nascia tocava no ponto nevrálgico da sociedade capitalista no instante em que ela se articulava, pondo sob a saudável suspeita iluminista a instituição da propriedade privada, cujos limites e relação com o interesse social eram objeto de debate e discórdia. Seria o avesso das conquistas "burguesas" da época, fornecendo os conceitos para diagnosticar os males do mundo industrial que se avizinhava e elaborar os diversos programas socialistas dos séculos XIX e XX.

Assim, mesmo com o recuo posterior da Revolução, quando grupos liberais voltam a predominar politicamente e derrotam as propostas mais transformadoras, algo essencial continua. Ao contrário da opinião de Tulard, um autor recente para quem "o desenlace da Revolução não esteve à altura das esperanças que suscitara", deve-se considerar que foi a Revolução o nascedouro de tais esperanças e que elas não morreram sob o Diretório ou Napoleão. Elas permanecem, como a utopia do novo tempo que surgia. O lado mais conservador da Revolução já era suficientemente progressista para liberar as forças tendentes ao desenvolvimento capitalista, e desse modo criar o mundo ao qual se oporiam os futuros revolucionários. O ponto de partida teórico e prático deles também nasce desse amplo movimento, como o reverso do lado inicialmente vitorioso, como o negativo da nova ordem. Logo, outras revoluções sobreviriam.

Sugestões de leitura

É impossível pretender apresentar uma lista completa das obras dedicadas ao estudo dos dois temas relacionados tratados neste livro – tal lista alcançaria centenas, talvez milhares de títulos. Devemos nos restringir, portanto, a algumas sugestões de leitura que não pretendem sequer representar um mostruário das várias tendências historiográficas e linhas de interpretação, pautando-se antes pelos critérios da atualidade e da disponibilidade no nosso idioma. Também deixaremos ao leitor a tarefa de formar um juízo crítico a respeito das obras enumeradas, abstendo-nos de uma avaliação prévia que poderia atrapalhar o leitor na realização de uma atividade imprescindível.

CASSIRER, Ernst – *A filosofia do Iluminismo*, Campinas, Ed. da Unicamp, 1994.

CHAUNU, Pierre – *A civilização na Europa das luzes*, Lisboa, Estampa, 1985.

COGGIOLA, Osvaldo (org.) – *A revolução Francesa e seu impacto na América Latina*, São Paulo, Nova Stella, 1990.

DARNTON, Robert – *Boemia literária e Revolução: o submundo das letras no Antigo Regime*, São Paulo, Companhia das Letras, 1996.

FALCON, Francisco José Calazans – *Iluminismo*. São Paulo, Ática, 1986.

HAMPSON, Norman – *O Iluminismo*, Lisboa, Ulisseia, 1973. IM HOF, Ulrich – *A Europa no século das luzes*, Lisboa, Presença,1995.

KOSELLECK, Reinhart – *Crítica e crise: uma contribuição à patogênese do mundo burguês*, Rio de janeiro, Eduerj, 1999.

LEFEBVRE, Georges – *Revolução Francesa*, São Paulo, Ibrasa, 1966.

NASCIMENTO, Maria das Graças de Souza – *Ilustração e história: o pensamento sobre história no Iluminismo francês*, São Paulo, Discurso, 2001.

ROLAND, Desne – *Os materialistas franceses*, Lisboa, Seara Nova, 1969.

SOBOUL, Albert – *História da Revolução Francesa*, 2ª edição, Rio de Janeiro, Zahar, 1974.

SQUEFF, Ênio – *A música na Revolução Francesa*, Porto Alegre, L&PM,1989.

TULARD, Jean – *História da Revolução Francesa, 1789-1799*, Rio de Janeiro, Paz e Terra, 1987.

VENTURI, Franco – *Utopia e reforma no Iluminismo*, Bauru, Edusc, 2003.

VOVELLE, Michel – *Breve história da Revolução Francesa*, Lisboa, Presença, 1986.

FILMES

Casanova e a Revolução (título com que foi exibido nos cinemas brasileiros) ou *A noite de Varennes* (título em vídeo no Brasil) (título original: *La Nuit de Varennes).* Direção: Ettore Scola. Itália/França, 1981.

Danton – o processo da Revolução (título original: *Danton*). Direção: Andrezej Wadja. França/Polônia, 1982.

Scaramouche. Direção: George Sidney. Estados Unidos, 1952.

GRÁFICA PAYM
Tel. (011) 4392-3344
paym@terra.com.br